I0465386

Vender en Línea:

La Revolución de los Archivos Digitales

2024 Copyright: Tuunica Publishing

RESUMEN:

Capítulo 9: Escalabilidad e Ingresos Pasivos   143

Capítulo 10: El Futuro de las Ventas Digitales   160

Capítulo 1: Introducción a la Revolución Digital

En las últimas décadas, la tecnología ha redefinido casi todos los aspectos de nuestra vida, transformando la forma en que comunicamos, trabajamos y consumimos. Este cambio es particularmente evidente en el mundo del comercio, donde estamos siendo testigos de una verdadera revolución digital. "Vender en línea: La Revolución de los Archivos Digitales" comienza explorando esta transformación, explicando por qué la venta de archivos digitales representa no solo una tendencia, sino una nueva frontera económica.

La Era Digital: Un Cambio de época

La era digital ha introducido una serie de innovaciones que han permitido la creación, distribución y venta de productos sin la necesidad de una presencia física. Esto ha derribado barreras geográficas y temporales, abriendo el mercado a un nivel global. Pero, ¿qué significa exactamente "revolución digital" en el contexto de la venta de archivos?

La revolución digital, en este contexto, se refiere a la capacidad de transformar cualquier tipo de contenido o servicio en un archivo digital que puede venderse en línea. Esto puede incluir e-books, música, software, cursos en línea, gráficos y mucho más. La accesibilidad de estos productos a través de internet ha democratizado el comercio, permitiendo que cualquiera se convierta en vendedor sin los costos y limitaciones tradicionales asociados con la producción y distribución física.

¿Por qué Vender Archivos Digitales es el Futuro?

La venta de archivos digitales ofrece numerosos beneficios que explican por qué se considera el futuro del comercio.

- **Bajos Costos Iniciales:** La creación de un archivo digital puede requerir una inversión inicial mínima en comparación con la producción de bienes físicos. Una vez creado, el costo marginal para vender una copia adicional del archivo es prácticamente nulo.
- **Ingresos Pasivos:** Los archivos digitales pueden generar ingresos

pasivos. Después de su creación y puesta a la venta, los productos digitales continúan generando ingresos sin esfuerzos adicionales, a diferencia de los productos físicos que requieren producción continua.

- **Escalabilidad:** La venta de archivos digitales es extremadamente escalable. No hay límites de inventario; cada venta adicional no requiere recursos adicionales.
- **Acceso Global:** Internet permite vender a clientes en todo el mundo sin barreras físicas. Esto significa un mercado potencial casi infinito.
- **Innovación y Actualizaciones Fáciles:** Actualizar o mejorar un producto digital puede hacerse rápidamente y a un costo mínimo, manteniendo los productos actualizados y competitivos.
- **Sostenibilidad:** La venta digital es ecológicamente sostenible, reduciendo la necesidad de materiales físicos, empaques y envíos.

Desafíos de la Revolución Digital

A pesar de los numerosos beneficios, la venta de archivos digitales no está exenta de desafíos. Uno de los principales es la protección del contenido contra la piratería y la duplicación no autorizada. Los derechos de autor digitales (DRM) y otras medidas de seguridad son esenciales, aunque no siempre infalibles.

Otro desafío es la saturación del mercado. Con el acceso facilitado a la venta en línea, el mercado se ha vuelto muy competitivo. Diferenciarse y encontrar una manera de destacar en un mar de ofertas similares requiere creatividad y estrategias de marketing efectivas.

La Importancia de la Calidad

En un mercado donde la cantidad de productos digitales crece exponencialmente, la calidad se convierte en el verdadero diferenciador. Los consumidores buscan valor, experiencia y autenticidad. Crear archivos digitales que respondan a estas necesidades no solo aumenta las posibilidades de éxito, sino que también construye una base de clientes leales y reseñas positivas, que son fundamentales para la visibilidad y credibilidad en línea.

La Democracia del Comercio Digital

Uno de los aspectos más fascinantes de vender

archivos digitales es la democracia que introduce en el comercio. Antes, solo quienes podían permitirse grandes inversiones iniciales podían entrar en el mercado. Ahora, con una conexión a internet, cualquiera puede vender sus productos digitales, haciendo accesible el comercio para todos. Esto no solo incrementa la diversidad de productos disponibles, sino también la innovación, ya que nuevos puntos de vista y talentos pueden surgir.

Conclusión del Capítulo En conclusión, "Introducción a la Revolución Digital" no solo explora por qué vender archivos digitales es una elección estratégica para el futuro, sino también los desafíos y oportunidades que esto conlleva. Este capítulo establece el contexto para el resto del libro, preparando al lector para entender el potencial del comercio digital y cómo aprovecharlo al máximo. La venta de archivos digitales no es solo una moda pasajera; es una transformación fundamental en la forma en que hacemos negocios, prometiendo un futuro donde el acceso, la innovación y el valor son el centro del comercio.

1.1: Visión General de la Evolución del Comercio Digital

La evolución del comercio digital representa uno de los cambios más significativos en el panorama económico global de las últimas décadas. Este subcapítulo explora cómo hemos pasado de la era de las tiendas físicas a una en la que la venta de archivos digitales se convierte en un componente clave de la economía.

Desde los Orígenes del Comercio Electrónico

El comercio electrónico, o e-commerce, comenzó a tomar forma en los años 90 con el advenimiento de Internet. Tiendas online como Amazon y eBay se convirtieron en pioneras, demostrando que los consumidores estaban dispuestos a comprar productos sin tocarlos o verlos físicamente. Esto inició un cambio radical en el comportamiento de los consumidores y en la manera en que las empresas manejaban el comercio.

Transición hacia los Productos Digitales

En los años 2000, con el aumento de la velocidad de conexión y la difusión de los dispositivos digitales, el comercio se extendió a los productos digitales. La música fue una de las pioneras, con Napster que revolucionó la distribución musical, aunque inicialmente de manera no oficial. iTunes luego legalizó y normalizó la compra de canciones digitales, un modelo que pronto fue seguido por películas, libros y software.

La Desmaterialización del Comercio

La desmaterialización de los productos se aceleró con la llegada de los smartphones y la ubicuidad de la conectividad. Hoy en día, vender archivos digitales significa ofrecer e-books, tutoriales en video, software como servicio (SaaS), gráficos digitales y mucho más. Este cambio ha reducido significativamente los costos de producción, distribución y logística, democratizando el acceso al mercado.

Impacto de la Tecnología en el Comportamiento de los Consumidores

La revolución digital no solo ha cambiado cómo se venden los productos, sino también cómo se compran. Los consumidores modernos buscan disponibilidad inmediata, personalización y conveniencia. La venta de archivos digitales responde a estas necesidades ofreciendo productos que se pueden descargar instantáneamente, sin necesidad de envíos o esperas. Además, la posibilidad de actualizar fácilmente los productos digitales permite a los vendedores mantener su oferta competitiva y relevante.

Desafíos y Oportunidades en la Venta Digital

Uno de los principales desafíos en el comercio digital es la protección de los contenidos. La piratería es una amenaza constante, mitigada solo en parte por sistemas de DRM (Gestión de Derechos Digitales). Sin embargo, este desafío ha impulsado hacia modelos de negocios más innovadores, como la suscripción, donde el valor añadido y el servicio continuo se convierten en la base del contrato entre vendedor y comprador.
Las oportunidades son inmensas. La venta de archivos digitales ofrece una escalabilidad sin precedentes. Una vez creado, un archivo digital puede venderse a un número ilimitado

de clientes sin costos adicionales de producción. Este modelo de negocio crea un potencial significativo de ingresos pasivos.

La Globalización del Mercado Digital

Internet ha eliminado las barreras geográficas, permitiendo que cualquiera pueda vender sus productos digitales globalmente. Esto ha impulsado una globalización del mercado, donde los vendedores deben considerar no solo las preferencias locales sino también las normativas internacionales, como las relacionadas con la privacidad y la protección de datos.

Innovación y Adaptación

La evolución del comercio digital está en constante movimiento. Las empresas deben adaptarse rápidamente a nuevas tecnologías, como la inteligencia artificial para la personalización de productos o la blockchain para el seguimiento y la seguridad en las transacciones. La venta de archivos digitales requiere una innovación continua, tanto en el producto como en las modalidades de venta y marketing.

Impacto Ambiental

Un aspecto positivo de la venta de archivos digitales es su menor impacto ambiental comparado con los productos físicos. Menos materiales, menos transporte y menos consumo de recursos significan una huella ecológica más ligera, una ventaja no despreciable en una época de creciente conciencia ambiental.

Conclusión

La visión general sobre la evolución del comercio digital nos permite entender cómo la venta de archivos digitales no es solo una tendencia, sino un hito en el proceso de transformación económica global. Este subcapítulo ha delineado el camino que ha llevado a la situación actual, destacando los desafíos, las oportunidades y las innovaciones que esta revolución ha traído consigo. La venta de archivos digitales no solo responde a las necesidades modernas de acceso inmediato y personalización, sino que también abre nuevas vías para el emprendimiento y la innovación económica.

1.2: Por qué vender archivos digitales es el futuro del negocio

La revolución digital ha transformado la manera en que vivimos, trabajamos e interactuamos, y el mundo de los negocios no ha quedado rezagado. La venta de archivos digitales representa una de las innovaciones más prometedoras en este contexto, prometiendo no solo redefinir el concepto de propiedad y distribución, sino también ofrecer un modelo de negocio que puede ser más escalable, sostenible y rentable en comparación con los métodos tradicionales de venta de bienes físicos. Aquí es por qué:

1. **Escalabilidad sin límites:** Los productos digitales, ya sean e-books, música, software, cursos en línea o arte digital, pueden duplicarse y distribuirse sin costos marginales significativos una vez creado el original. Esto elimina muchos de los límites físicos y logísticos que restringen el crecimiento de las ventas de productos físicos, permitiendo a pequeñas empresas y creadores individuales alcanzar un público global

16

con relativa facilidad.

2. **Accesibilidad y Comodidad:** La digitalización ha hecho que el acceso a los productos sea más fácil e inmediato. Un cliente puede comprar un archivo digital desde cualquier parte del mundo, a cualquier hora, sin necesidad de esperar envíos o preocuparse por la disponibilidad. Este acceso inmediato aumenta la satisfacción del cliente y puede reducir drásticamente el tiempo entre el interés y la compra.

3. **Sostenibilidad Ambiental:** En una época donde la conciencia ambiental está en aumento, reducir la producción y distribución de bienes físicos es una ventaja significativa. Los archivos digitales no requieren recursos como papel, plástico o energía para el envío, contribuyendo a reducir la huella ecológica de las actividades comerciales.

4. **Personalización e Interactividad:** Los archivos digitales pueden personalizarse fácilmente para responder a necesidades específicas del cliente. Además, productos como cursos en línea o software pueden incluir elementos interactivos, actualizaciones automáticas o integración con otras plataformas

digitales, ofreciendo una experiencia de uso dinámica y continua.

5. **Protección de Derechos de Autor:** Con el advenimiento de tecnologías de protección contra la copia y la distribución no autorizada, los creadores de contenido digital pueden proteger mejor sus trabajos en comparación con los tiempos en que los derechos de autor eran más difíciles de hacer valer. Esto anima a artistas e innovadores a publicar digitalmente, sabiendo que sus derechos están salvaguardados.

6. **Modelos de Negocio Innovadores:** La venta de archivos digitales ha llevado a nuevos modelos de negocio como la suscripción, el pago por uso o el modelo freemium, que pueden generar ingresos recurrentes. Estos modelos no solo estabilizan el flujo de caja sino que también crean una relación continua con los clientes, aumentando las oportunidades de ventas adicionales y cruzadas.

7. **Reducción de los Costos Operativos:** Sin la necesidad de almacenes, gestión de inventario y logística física, las empresas que venden productos digitales pueden operar con costos

operativos significativamente menores. Este ahorro puede reinvertirse en marketing, desarrollo de nuevos productos o mejoras en la plataforma de venta.

8. **Globalización del Mercado:** La naturaleza digital de los archivos elimina muchas barreras geográficas y culturales. Con la estrategia adecuada de localización y marketing, un vendedor puede alcanzar consumidores en cualquier parte del mundo, creando un mercado global sin necesidad de inversiones masivas en infraestructuras internacionales.

9. **Feedback y Mejora Continua:** La venta de productos digitales a menudo viene acompañada de plataformas que permiten un feedback directo de los consumidores. Este ciclo de retroalimentación rápido puede utilizarse para mejorar continuamente los productos, adaptándolos a las necesidades del mercado con mayor agilidad.

10. **Integración con la Vida Digital:** Con la creciente integración de la tecnología en nuestras vidas diarias, los archivos digitales no son solo una moda

sino una necesidad. Desde la gestión de documentos personales con aplicaciones como IT Wallet, discutida en X, hasta el uso diario de aplicaciones y software, la economía digital se vuelve cada vez más central.

Sin embargo, como se ha señalado en varias discusiones en redes sociales, también hay una crítica creciente con respecto a la privacidad y la seguridad. La gestión digital de documentos y datos personales, como se ilustra con IT Wallet, plantea preocupaciones sobre la vigilancia y el control gubernamental o corporativo. Esto sugiere que, aunque vender archivos digitales es el futuro, es crucial desarrollar también medidas robustas de seguridad y transparencia para proteger los derechos y la privacidad de los usuarios.

En conclusión, vender archivos digitales ofrece una amplia gama de ventajas que impulsan hacia un futuro donde la digitalización no es solo una tendencia sino una necesidad estratégica para la competitividad y la innovación en los negocios. A pesar de los desafíos, la adopción de modelos digitales parece inevitable, prometiendo una evolución hacia una economía más accesible, sostenible y dinámica.

Capítulo 2: Preparación para el Mercado Digital

El paso de la venta de productos físicos a la comercialización de archivos digitales requiere una estrategia bien pensada y una preparación exhaustiva. Este capítulo explora las fases fundamentales para prepararse eficazmente para el mercado digital, donde la competencia es alta, pero las oportunidades de crecimiento e innovación son ilimitadas.

1. Comprensión del Mercado Digital:

Antes de entrar en el mercado digital, es esencial entender su dinámica. Esto significa analizar tendencias de mercado, competencia y preferencias de los consumidores. ¿Quiénes son tus potenciales clientes? ¿Cuáles son sus necesidades y deseos? ¿Qué productos digitales son ya populares y qué nichos quedan por explorar? La investigación de mercado digital puede realizarse a través de análisis SEO, estudios sectoriales y retroalimentación de las plataformas sociales.

21

2. Creación del Producto Digital:

La calidad de tu producto digital es el corazón de tu negocio. Esto puede variar desde libros electrónicos, software, música, cursos en línea, hasta contenidos interactivos como juegos o aplicaciones. Es importante que el producto no solo cumpla con las expectativas de los usuarios, sino que las supere. Esto implica invertir en diseño, contenido e interactividad, asegurándose de que el producto sea accesible en varios dispositivos y plataformas.

3. Protección de Derechos de Autor y Seguridad:

Un aspecto crucial de la preparación para el mercado digital es la protección de tu trabajo. Utilizar tecnologías de DRM (Gestión de Derechos Digitales) puede ayudar a prevenir la piratería, pero también es fundamental obtener registros de derechos de autor y comprender las leyes que rigen la distribución digital en los diferentes mercados. Además, garantizar la seguridad de los datos de los usuarios no solo es una cuestión ética, sino también de cumplimiento legal.

4. Desarrollo de la Plataforma de Ventas:

Decidir dónde vender tus archivos digitales es una decisión estratégica. Algunos optan por plataformas de terceros como Amazon Kindle, Apple Store, o Shopify, mientras que otros desarrollan su propio comercio electrónico personalizado. Cada opción tiene sus ventajas: las plataformas de terceros ofrecen un público inmediato pero con comisiones y normas a seguir, mientras que un sitio propio ofrece mayor control y potencial para la personalización, pero requiere inversiones en hosting, desarrollo y marketing.

5. Estrategia de Marketing Digital:

El marketing en el mundo digital es vasto y variado. Utilizar SEO, SEM, marketing por correo electrónico, marketing en redes sociales y contenido influenciado son solo algunas de las tácticas disponibles. Es importante desarrollar una estrategia que no solo atraiga la atención sino que también construya una relación con el público. El uso de influencers, campañas de marketing de afiliados y el marketing de contenidos pueden ayudar a alcanzar y a fidelizar al público.

6. Gestión de las Relaciones con el Cliente:

La venta de archivos digitales no termina con la transacción. La gestión de las relaciones con el cliente (CRM) es crucial para el éxito a largo plazo. Esto incluye soporte post-venta, actualizaciones del producto, formación para el uso del producto y la recolección de retroalimentación. Un CRM eficaz puede transformar un cliente en un partidario de por vida, aumentando las posibilidades de ventas repetidas y recomendaciones.

7. Escalabilidad y Automatización:

La escalabilidad es una ventaja del digital, pero para aprovecharla plenamente, es necesario planificar la automatización de los procesos. Esto puede incluir la automatización del inventario (dado que los archivos digitales no se agotan), el marketing por correo electrónico, el servicio al cliente mediante chatbots y la optimización de las ventas a través del uso de herramientas analíticas. La automatización permite manejar un volumen creciente de ventas sin un aumento proporcional de los costos operativos.

8. Adaptación e Innovación Continua:

El mercado digital evoluciona rápidamente. Prepararse significa estar listo para adaptarse a nuevas tecnologías, tendencias y preferencias de los consumidores. Esto podría significar actualizar el producto, cambiar la plataforma de ventas, o introducir nuevas características. La innovación no es solo una ventaja competitiva, sino una necesidad para permanecer relevante.

9. Educación y Capacitación:

Por último, prepararse para el mercado digital también implica educar y capacitar a tu equipo y, en algunos casos, al público. Los consumidores deben estar informados sobre los beneficios de los productos digitales, cómo usarlos y cómo protegerlos. Del mismo modo, el equipo debe ser competente en tecnologías digitales, prácticas de marketing y gestión de datos.

Conclusión:

Prepararse para el mercado digital no es una

25

tarea sencilla, pero es un camino de crecimiento y aprendizaje continuo. Requiere una combinación de comprensión profunda del mercado, creatividad en el producto, competencia técnica y una visión estratégica del marketing y la gestión de relaciones. Aquellos que se preparan adecuadamente no solo lograrán vender archivos digitales con éxito, sino que también podrán anticipar y liderar futuras innovaciones en el sector.

2.1: Cómo identificar tu público objetivo

Identificar tu público objetivo es uno de los pasos más críticos en la preparación para el mercado digital. La precisión en esta fase no solo determina la eficacia de tu estrategia de marketing y venta, sino que también influye en la creación del propio producto. Aquí te explicamos cómo proceder:

1. Definición de Personajes Imaginarios (Personas):

El primer paso es crear personajes imaginarios detallados que representen a tus clientes potenciales. Esto incluye información demográfica (edad, género, nivel educativo, ingresos), psicográfica (intereses, valores, estilo de vida), y comportamental (cómo realizan compras, qué problemas buscan resolver con tu producto). Utiliza herramientas como encuestas, grupos focales y análisis de datos de mercado para construir estas personas.

2. Análisis del Comportamiento Online:

Observa cómo se comporta tu público actual o potencial en línea. Esto puede incluir qué plataformas sociales utilizan, cómo interactúan con contenidos similares a tu producto y a qué influencers siguen. Herramientas como Google Analytics, insights de redes sociales y análisis SEO pueden proporcionar datos valiosos sobre estas interacciones.

3. Feedback y Pruebas de Mercado:

Antes de lanzar tu producto, recoger feedback mediante un MVP (Producto Mínimo Viable) o prototipos puede ser revelador. Estas pruebas de mercado te permiten ver cómo reacciona el público ante tu producto, si lo entenderían y si lo comprarían. El feedback directo de los potenciales clientes puede ayudar a refinar el producto e identificar el verdadero público objetivo.

4. Uso de Datos de Terceros:

Las plataformas de marketing como Google Ads y las redes sociales ofrecen herramientas para segmentar el público. Estas herramientas utilizan grandes volúmenes de datos para identificar tendencias e intereses específicos. Puedes realizar campañas de publicidad dirigida para probar qué segmentos responden mejor a tu anuncio, dando así una indicación clara sobre tu público objetivo.

5. Análisis Competitivo:

Mira quiénes son tus competidores directos e indirectos. ¿Quiénes compran de ellos? Analizar las reseñas de sus productos, los comentarios en redes sociales y las estrategias de marketing puede revelar mucho sobre quién podría estar interesado en tu producto. Esto no significa copiar, sino entender cómo otros han definido su mercado.

6. Segmentación del Mercado:

Dividir el mercado en segmentos específicos ayudará a concentrar los recursos. Puedes segmentar por demografía, geografía, comportamiento o psicografía. Cada segmento puede requerir una oferta ligeramente diferente o un mensaje de marketing distinto. El uso de herramientas de segmentación como las ofrecidas por HubSpot o Mailchimp puede facilitar este proceso.

7. Monitoreo de Conversaciones Online:

Escuchar las conversaciones en línea en foros, grupos de redes sociales, blogs o reseñas puede indicar problemas que tu público está intentando resolver o deseos que aún no están satisfechos. Esto te ayuda a posicionar tu producto como la solución ideal para esas necesidades.

8. Evolución del Público:

El público puede cambiar con el tiempo. Es importante monitorear la evolución de las preferencias y los comportamientos. Por ejemplo, un público inicialmente atraído por un producto por su novedad podría evolucionar, buscando funcionalidades más avanzadas o mayor interactividad. Adaptar el producto y el mensaje de marketing en función de estas evoluciones es esencial.

9. Feedback e Iteración Continua:

Una vez que el producto está en el mercado, sigue recogiendo feedback. Las preferencias y necesidades del público pueden cambiar, por lo que la iteración continua del producto y de la estrategia de marketing basada en datos reales es crucial. Utilizar CRM para monitorear las interacciones y el feedback puede proporcionar una visión más profunda.

10.   Educación y Creación de Valor:

No solo vendas, sino educa a tu público. A menudo, el público objetivo podría no ser consciente del valor que tu producto digital puede aportar a sus vidas. Crear contenidos que eduquen y demuestren el valor, como tutoriales, webinars o estudios de caso, puede expandir tu público objetivo más allá de los límites inicialmente considerados.

Conclusión:

Identificar tu público objetivo en el mercado digital es un proceso dinámico que requiere una combinación de análisis, experimentación y escucha activa de las preferencias y comportamientos de los usuarios. Es un viaje que no termina con el lanzamiento del producto sino que continúa con la evolución del propio producto y del mercado. Utilizar herramientas digitales para recoger datos, segmentar el público y probar hipótesis es esencial para afinar progresivamente la comprensión de tu público. Esto no solo aumenta las probabilidades de éxito del producto sino que también permite crear una relación duradera con los consumidores, convirtiéndolos en defensores a largo plazo de tu marca.

2.2: Análisis de mercado y tendencias actuales en el sector de los archivos digitales

La evolución del mercado digital, especialmente en el sector de los archivos digitales, es un componente crucial para cualquiera que desee vender en línea. Este subcapítulo explorará las tendencias actuales y los análisis de mercado que pueden guiar las estrategias de venta y marketing para productos digitales.

1. Crecimiento del Mercado Digital en Italia:

Según análisis recientes, el mercado digital en Italia ha mostrado un crecimiento significativo, con previsiones que indican un aumento del 2,1% en 2023, alcanzando un valor de 78,7 mil millones de euros. Este aumento está impulsado por innovaciones como la Inteligencia Artificial generativa, el Internet de las Cosas (IoT), y el cloud computing. La previsión para el futuro indica un crecimiento anual medio del 3,9% hasta 2027, apoyado también por los fondos del PNRR, destacando un creciente interés en la digitalización en diversos sectores, incluyendo la Administración Pública y la industria.

2. Tecnologías e Innovaciones:

La inteligencia artificial, especialmente la generativa, ha capturado la atención por su capacidad para revolucionar la forma en que interactuamos con las tecnologías. El IoT, con su promesa de conectar todo, y el cloud computing, con la adopción de aplicaciones nativas de la nube y el edge computing, están redefiniendo cómo se gestionan y utilizan los datos. Estos desarrollos no solo aumentan la eficiencia sino que abren nuevas posibilidades para la venta y distribución de archivos digitales.

3. Tendencias de Mercado y Consumo:

El análisis de mercado indica una creciente preferencia por servicios digitales que facilitan la vida cotidiana y laboral. El sector de los contenidos digitales, que incluye videos, música y juegos, está en continua expansión, impulsado por la demanda de entretenimiento y formación accesible en cualquier lugar.

Además, la adopción de billeteras digitales (e-wallets) y la gestión digital de documentos están transformando el concepto de posesión y manejo de la información personal y empresarial.

4. Herramientas para el Análisis de Mercado:

Para mantenerse competitivo, las empresas deben utilizar herramientas avanzadas para el análisis de mercado. Plataformas como Similarweb ofrecen métricas detalladas sobre el tráfico, el engagement y las tendencias de consumo, permitiendo adaptar las estrategias de marketing en tiempo real. Estas herramientas no solo identifican las tendencias sino que también ayudan a prever los movimientos de la competencia y optimizar la presencia en línea.

5. **Sentimiento y Discusiones en X (Twitter):** En las redes sociales, el debate alrededor de la digitalización de documentos y la privacidad de los datos refleja una sociedad en transición. Existe un creciente interés pero también preocupación con respecto a la seguridad

y el control de los datos personales. Este sentimiento influye en las decisiones de compra y en la aceptación de nuevas tecnologías, subrayando la importancia de una comunicación transparente y de políticas de privacidad robustas.

6. Impacto y Oportunidades para los Vendedores en Línea:

Para quienes venden archivos digitales, estas tendencias ofrecen numerosas oportunidades. El crecimiento del mercado digital significa un público más amplio y más receptivo a soluciones digitales. Sin embargo, también requiere una mayor atención a la seguridad, la personalización y la calidad del servicio postventa. La adopción de IA para personalizar la experiencia del usuario, la creación de contenido exclusivo y el uso de plataformas de pago digitales pueden diferenciar una oferta en el mercado.

Conclusión:

El análisis de mercado en el sector de los archivos digitales indica un mercado en expansión, impulsado por la tecnología y por cambios en los comportamientos de los consumidores. Para quienes operan o desean entrar en este sector, es esencial mantenerse actualizados con las nuevas tecnologías, comprender las necesidades cambiantes de los consumidores y adaptar continuamente las estrategias de venta y marketing. Esto no solo maximiza las oportunidades de crecimiento sino que también permite mantener una posición competitiva en un mercado cada vez más concurrido y dinámico.

Capítulo 3: Creación de Contenidos Digitales de Valor

La creación de contenidos digitales de valor se encuentra en el corazón de la revolución de los archivos digitales. En este capítulo, exploraremos cómo generar contenidos que no solo atraigan la atención, sino que también ofrezcan un verdadero valor añadido a los consumidores, haciéndolos sentir invertidos y satisfechos con su compra.

1. Determinar el Valor para el Cliente:

Antes de crear cualquier contenido, es fundamental entender qué significa "valor" para tu público objetivo. Esto podría significar aprendizaje, entretenimiento, resolución de problemas, o inspiración. Los contenidos de valor responden a una pregunta, resuelven un problema o entretienen de manera única. La clave es profundizar en las necesidades y deseos de tu audiencia a través de investigaciones de mercado, retroalimentación e interacciones en línea.

2. Calidad por Encima de Cantidad:

En el mundo de los contenidos digitales, la calidad es reina. Invertir en alta calidad de escritura, diseño, audio o video puede marcar la diferencia entre un contenido que se ignora y uno que se comparte. Esto significa asegurarse de que tus archivos digitales estén bien producidos, con atención al detalle, desde la estética hasta la funcionalidad.

3. Originalidad e Innovación:

Los consumidores buscan contenidos únicos que no puedan encontrar en otro lugar. Esto podría implicar contar una historia de una manera nueva, crear un curso que sintetice conocimientos de forma innovadora, o desarrollar un software que resuelva problemas específicos con un enfoque inédito. La originalidad no solo atrae la atención sino que también crea una base de fans leales.

4. Interactividad y Personalización:

Los contenidos digitales hoy en día no son solo pasivos. La interactividad, como cuestionarios interactivos en cursos, juegos dentro de aplicaciones, o personalización basada en el input del usuario, aumenta el engagement. Esta interacción no solo hace que la experiencia sea más envolvente sino que también puede recoger datos valiosos sobre cómo los usuarios interactúan con tu producto.

5. Educación e Información:

Uno de los valores más apreciados es la información. Crear contenidos que eduquen o informen sobre temas de interés puede posicionarte como experto en tu campo. E-books, webinars, podcasts, o series de blogs pueden todos servir a este propósito, ofreciendo valor a través del conocimiento.

6. Uso de Tecnologías Avanzadas:

El uso de tecnologías como la IA para personalizar contenidos, la realidad aumentada (AR) para experiencias inmersivas, o blockchain para certificar la autenticidad y la propiedad digital, puede elevar el valor de tus contenidos. Estos no solo añaden un nivel de innovación sino que también pueden crear experiencias que se distinguen claramente de la competencia.

7. Estilo y Marca:

El valor también puede ser estético y emocional. La coherencia en el diseño, el tono de voz y el mensaje de marca a través de tus contenidos crea una identidad distintiva que los consumidores pueden reconocer y valorar. Una marca fuerte no solo ayuda a vender, sino también a construir una comunidad alrededor del producto.

8. Retroalimentación Continua:

La creación de contenidos de valor no es un proceso unidireccional. Recoger retroalimentación de tus usuarios sobre lo que funciona y lo que podría mejorarse es crucial. Esta retroalimentación puede guiar actualizaciones, nuevas versiones o contenidos complementarios, manteniendo el producto relevante y útil.

9. Accesibilidad e Inclusividad:

Hacer que tus contenidos sean accesibles a un público más amplio, considerando aspectos como la traducción a diferentes idiomas, la accesibilidad para personas con discapacidades, o contenidos inclusivos que representen diversidad, aumenta el valor percibido y amplía tu mercado.

10.   Comunidad y Compromiso:

Crear contenidos que fomenten la formación de una comunidad alrededor de tu producto puede ser extremadamente beneficioso. Esto significa no solo vender un producto sino construir un ecosistema donde los usuarios se sientan parte de algo más grande, con la posibilidad de participar, contribuir e influir en el futuro del producto.

Conclusión:

La creación de contenidos digitales de valor es un arte que requiere una comprensión profunda de tu público, dedicación a la calidad y a la innovación, y una estrategia continua de retroalimentación y mejora. En el competitivo mundo de los archivos digitales, lo que distingue a un producto exitoso es su capacidad para ofrecer una experiencia que va más allá del simple consumo, creando un vínculo duradero con los consumidores. Esto no solo incrementa las ventas sino que también construye una base de clientes leales que pueden convertirse en tus mejores promotores.

3.1: Ideas para crear archivos digitales que vendan (e-books, cursos, software, gráficos, etc.)

La creación de contenidos digitales que vendan requiere una combinación de creatividad, comprensión del mercado y un toque de innovación. Aquí tienes algunas ideas para desarrollar archivos digitales que capten el interés y satisfagan las necesidades del público:

1. E-books Innovadores:

    a. **E-books Interactivos:** Añade elementos interactivos como videos, cuestionarios, páginas que se expanden y enlaces a recursos externos. Esto no solo hace que el libro sea más dinámico sino también más útil.

    b. **E-books de Nicho:** Escribe sobre temas muy específicos que aún no tienen mucha cobertura. Por ejemplo, un e-book sobre "Cómo gestionar una tienda de peces tropicales" podría atraer a un público apasionado.

c. **Serie de E-books:** Lanza una serie de e-books que se desarrollan con el tiempo, tal vez relacionados con un hábito mensual o un evento estacional, manteniendo a los usuarios interesados y esperando el próximo volumen.

2. **Cursos en Línea:**

a. **Cursos de Habilidades Prácticas:** Ofrece cursos sobre habilidades que pueden aplicarse inmediatamente, como cocina, reparaciones domésticas o técnicas de foto/video.

b. **Cursos de Desarrollo Personal:** Temas como la mejora de las capacidades comunicativas, la gestión del estrés o el crecimiento espiritual siempre tienen un mercado.

c. **Cursos con Certificación:** Crear cursos que lleven a una certificación o crédito educativo puede aumentar el valor percibido, especialmente en sectores profesionales.

3. Software y Aplicaciones:

a. **Aplicaciones de Utilidad Diaria:** Desarrolla apps que resuelvan problemas cotidianos, como organización, gestión de gastos o seguimiento de fitness, con un diseño intuitivo y una fuerte personalización.

b. **Software para Creativos:** Herramientas que ayuden a artistas, escritores o diseñadores a mejorar su proceso creativo, como software para edición de video, dibujo digital o escritura asistida por IA.

c. **Juegos y Apps Educativas:** Integra el aprendizaje con el entretenimiento, creando juegos que enseñen idiomas, historia, programación o cualquier otra materia a través del juego.

4. Gráficos y Diseño:

a. **Plantillas Gráficas:** Ofrece plantillas para presentaciones, infografías, brochures o posts en redes sociales que puedan personalizarse fácilmente.

b. **Paquetes de Diseño para Sectores Específicos:** Crear paquetes de diseño para restaurantes, pequeñas empresas, eventos de bodas, etc., con todo lo necesario para comenzar.

c. **Gráficos Vectoriales:** Vende sets de iconos, ilustraciones vectoriales o patrones que pueden usarse en varios contextos, desde sitios web hasta apps móviles.

5. Música y Audio:

a. **Samples y Loops Musicales:** Para productores musicales, ofrecer paquetes de samples, loops o presets para sintetizadores puede ser muy apreciado.

b. **Audiolibros y Podcasts:** Producir audiolibros o podcasts sobre historias o temas de nicho, tal vez con un giro narrativo o un enfoque en la educación.

c. **Efectos de Sonido y Músicas de Fondo:** Crear librerías de efectos sonoros y músicas de fondo para creadores de video, streamers o productores de contenidos digitales.

6. **Plantillas y Herramientas para Negocios en Línea:**

a. **Herramientas de Email Marketing:** Ofrecer plantillas para campañas de email que puedan personalizarse fácilmente para diferentes sectores.

b. **Sitios Web y Páginas de Venta:** Crear temas y landing pages que puedan usarse para iniciar rápidamente una tienda en línea o una página de venta.

c. **Planes de Marketing:** E-books o cursos que proporcionen planes de marketing, estrategias SEO o cómo utilizar las redes sociales para hacer crecer un negocio.

7. Contenidos para Eventos y Formación:

a. **Material para Webinars o Talleres:** Proporcionar paquetes que incluyan presentaciones, guías para el moderador y materiales de seguimiento para participantes.

b. **Kits de Formación:** Herramientas y recursos para formadores, como tarjetas de trabajo, ejercicios y planes de lección para varios temas.

8. Contenidos Interactivos e Inmersivos:

a. **Realidad Aumentada (AR) y Realidad Virtual (VR):** Crear experiencias AR/VR que puedan venderse como apps o integrarse en otros productos digitales para una experiencia única.

b. **Juegos de Realidad Alternativa (ARG):** Desarrollar juegos que trasciendan la plataforma, involucrando a jugadores en aventuras que ocurren tanto en línea como fuera de ella.

Conclusión:

La idea central detrás de la creación de archivos digitales que vendan es proporcionar algo único, útil y atractivo. Ya sea que estés creando e-books, software o gráficos, el éxito radica en la capacidad de anticipar y responder a las necesidades del mercado, ofreciendo soluciones innovadoras o contenidos de entretenimiento que no pueden encontrarse en otro lugar. La clave es no solo crear un producto, sino construir una experiencia que continúe ofreciendo valor a lo largo del tiempo, creando así un ciclo de compromiso y lealtad que conduzca a ventas repetitivas y recomendaciones.

3.2: Estrategias para mantener alta la calidad y la singularidad de los contenidos

La creación de contenidos digitales de valor es esencial para cualquiera que desee vender en línea, ya sea libros electrónicos, cursos online, música o cualquier otro producto digital. La calidad y la singularidad de los contenidos no solo atraen nuevos clientes sino que también mantienen el interés de los existentes. Aquí tienes algunas estrategias clave para mantener estos estándares elevados:

1. Definir una Identidad de Marca Fuerte

Antes que nada, es crucial tener una identidad de marca clara. Esto significa saber exactamente quién eres, qué representas y cuál es tu valor único. Tu marca debe ser reconocible a través de un lenguaje, un estilo visual y una voz distintivos. Por ejemplo, si estás creando contenidos para un público de amantes de la tecnología, tu lenguaje podría ser técnico pero accesible, y el diseño podría incluir elementos futuristas y minimalistas. Esta coherencia ayuda a crear un vínculo con tu audiencia.

2. Investigación y Análisis de Mercado Continuo

La calidad no se mantiene constante sin una comprensión profunda de las necesidades y deseos de tu público. La investigación de mercado y el análisis de tendencias deben ser actividades regulares. Utiliza herramientas como encuestas, entrevistas y análisis de datos para entender qué funciona y qué no. Esto no solo te permite adaptar tus contenidos a las expectativas del mercado sino también anticipar nuevas tendencias antes de que se vuelvan mainstream.

3. Colaboraciones y Asociaciones

Colaborar con otros creadores o expertos en tu campo puede aportar una frescura única a tus contenidos. Estas colaboraciones pueden ofrecer una perspectiva diferente, nuevas ideas y a menudo un público adicional. Asegúrate de que estas asociaciones estén alineadas con tu marca, pero no dudes en explorar nuevos estilos o métodos de producción para mantener el interés.

4. Invertir en Herramientas y Capacitación

La evolución tecnológica es rápida. Invertir en herramientas actualizadas para la creación de contenidos y en formación continua para ti y tu equipo es fundamental. Esto incluye software para edición de video, programas de diseño gráfico o plataformas para escritura colaborativa. La formación no significa solo asistir a cursos disponibles, sino también experimentar con nuevas tecnologías y metodologías.

5. Retroalimentación e Iteración

Crear contenidos de calidad también significa estar dispuesto a recibir retroalimentación y usarla para mejorar continuamente. Anima a tus usuarios a dejar reseñas, comentarios o a participar en foros donde puedan discutir tus productos. Usa esta retroalimentación para entender dónde mejorar. La iteración es un proceso continuo de mejora: cada nuevo contenido debería ser mejor que el anterior.

6. Exclusividad y Contenidos Premium

Ofrecer contenidos exclusivos o premium

puede ser una estrategia eficaz. Esto no solo aumenta el valor percibido sino que también crea una comunidad de usuarios más leales. Por ejemplo, podría tratarse de contenidos que no están disponibles gratuitamente o que se ofrecen como parte de una suscripción. La clave aquí es asegurar que estos contenidos adicionales realmente justifiquen la inversión extra.

7. Narrativa y Cuentacuentos

La capacidad de contar una historia atractiva es una de las herramientas más poderosas para mantener alta la calidad de los contenidos. Las historias humanas, las experiencias y las narrativas que implican emocionalmente son mucho más memorables que la simple información. Usa el storytelling para crear un vínculo emocional con tu audiencia, haciéndolos sentir parte de un viaje o de una comunidad.

8. Ética y Responsabilidad

La singularidad de los contenidos no se trata solo de creatividad, sino también de ética. Evita el plagio y el malentendido de la información. Ser transparente sobre fuentes, créditos y el proceso de creación no solo construye confianza sino también una imagen de marca de alta calidad. Además, considera el impacto de tus contenidos en la sociedad y el medio ambiente; una ética responsable puede convertirse en una parte distintiva de tu marca.

9. Personalización y Segmentación

No todos los clientes son iguales. La personalización de los contenidos basada en segmentos de mercado o intereses específicos de los usuarios puede aumentar la singularidad y la relevancia de lo que ofreces. Utiliza tecnologías de segmentación para crear contenidos que respondan directamente a las necesidades individuales, haciendo que la experiencia del cliente sea más personal y envolvente.

10.   Innovación y Experimentación

Finalmente, no tengas miedo de innovar y experimentar con formatos y medios. La experimentación puede llevar a nuevas formas de contenidos que podrían definir el futuro de tu sector. Esto podría significar el uso de realidad aumentada, contenidos interactivos o nuevas plataformas de distribución. La innovación no solo mantiene frescos los contenidos sino que también puede posicionarte como líder en tu campo.

Mantener alta la calidad y la singularidad de los contenidos requiere una combinación de estrategia, tecnología, creatividad y una continua voluntad de aprender y adaptarse. No es solo un proceso técnico sino también artístico, donde la empatía con el público, la comprensión del mercado y la capacidad de contar historias se vuelven fundamentales. Siguiendo estas estrategias, no solo vender online se vuelve más efectivo, sino también más satisfactorio desde el punto de vista creativo.

Capítulo 4: Plataformas de Venta: Amazon y más allá

Con el advenimiento de la era digital, las plataformas de venta en línea se han convertido en el eje de la revolución del comercio electrónico, transformando la manera en que se venden y compran productos, incluidos los archivos digitales. Este capítulo explora las principales plataformas de venta para archivos digitales, enfocándose en Amazon y ofreciendo una visión general de otras alternativas significativas.

1. **Amazon: El Gigante del Comercio Electrónico**
   Amazon Kindle Direct Publishing (KDP) Amazon no necesita presentación. A través de Kindle Direct Publishing (KDP), los autores pueden publicar y vender eBooks, así como libros en papel y audiolibros. La plataforma ofrece:

   a. **Acceso a un vasto público**: La comunidad de lectores de Amazon es inmensa, ofreciendo un mercado global.

b. **Regalías competitivas**: Los márgenes de ganancia pueden ser significativos, especialmente con el modelo de pago por lectura "Kindle Unlimited".

c. **Facilidad de publicación**: El proceso de publicación es intuitivo y accesible incluso para quienes no tienen experiencia.

2. **Consideraciones sobre Amazon:**

a. **Dominio de mercado**: La dependencia de Amazon puede significar que estás sujeto a sus políticas y cambios. Sin embargo, su tamaño e influencia garantizan visibilidad.

b. **Ecosistema cerrado**: Amazon tiende a mantener a los usuarios dentro de su ecosistema, lo que puede limitar la portabilidad de tus productos a otros lugares.

3. **Apple: App Store, iBook y más**
Apple ofrece diversas plataformas para archivos digitales:

a. **App Store**: Para quienes desarrollan software o juegos, la App Store de Apple es el principal punto de venta.

b. **iBooks**: Ahora conocido como Apple Books, es la plataforma para vender eBooks a usuarios de iOS.

4. **Ventajas de Apple:**
   a. **Premium y calidad**: Los usuarios de Apple a menudo buscan calidad, lo que puede justificar precios más altos.
   b. **Ecosistema integrado**: Si tu público principal es Apple, la integración entre dispositivos y servicios es una ventaja.

5. **Google Play**

   Google Play es la plataforma de referencia para desarrolladores de Android y para quienes venden eBooks a través de Google Play Books.

   a. **Acceso al mercado Android**: La amplia base de usuarios de Android ofrece un mercado significativo.
   b. **Facilidad de distribución**: La Google Play Store es conocida por su facilidad de uso y gestión de ventas.

6. **Plataformas Especializadas**

   Además de los gigantes, existen

plataformas especializadas que pueden ofrecer ventajas específicas:

a. **Gumroad**: Ideal para vendedores independientes de cualquier tipo de archivo digital, ofrece una herramienta sencilla para vender y distribuir directamente a los consumidores con pagos instantáneos.
b. **Udemy**: Especializado en cursos en línea, Udemy permite a cualquiera crear y vender cursos, con un modelo de precios competitivo que puede alcanzar a una amplia audiencia.
c. **Smashwords**: Un distribuidor de eBooks que puede publicar tus libros en varias librerías en línea además de en su propio sitio, aumentando tu visibilidad.

7. **Estrategias para elegir la plataforma**
Elegir la plataforma correcta depende de varios factores:

a. **Objetivo de mercado**: Si tu objetivo es alcanzar el público más amplio posible, Amazon podría ser la elección. Si buscas un público más específico, plataformas especializadas como Gumroad o Udemy podrían ser más adecuadas.

b. **Control y márgenes de ganancia**: Más control y márgenes de ganancia se pueden obtener con plataformas más pequeñas o con modelos de venta directos, pero esto a menudo va en detrimento de la visibilidad.

c. **Facilidad de uso**: Algunos creadores prefieren plataformas que simplifiquen el proceso de publicación y venta, como Amazon o Gumroad.

d. **Interacción con el público**: Algunas plataformas permiten una mayor interacción directa con los clientes, lo cual puede ser crucial para construir una comunidad o para mercados de nicho.

8. **Estrategias de Multi-plataforma**
   Muchos vendedores optan por una estrategia multi-plataforma, distribuyendo sus productos en varias plataformas para maximizar la exposición y los beneficios. Esta estrategia requiere:

a. **Gestión del tiempo**: Publicar y mantener los productos en múltiples plataformas puede ser consumidor de tiempo.

b. **Coherencia**: Asegurar que la calidad y la descripción del producto sean coherentes en cada plataforma.

c. **Análisis y adaptación**: Monitorear las ventas en cada plataforma para entender dónde invertir más recursos o cuáles estrategias de marketing funcionan mejor.

9. **Tendencias y Futuro de las Plataformas de Venta**

La evolución de las plataformas sigue dos tendencias principales:

a. **Descentralización**: Con el advenimiento de la blockchain, hay intentos de crear mercados descentralizados donde los creadores tengan más control sobre sus productos y ganancias.

b. **Personalización e Interactividad**: Las plataformas

futuras podrían ofrecer mayor interactividad y personalización, como contenidos que se adapten en tiempo real a las preferencias del usuario.

Conclusión

La elección de la plataforma de venta para archivos digitales es crucial para el éxito en el mercado en línea. Cada plataforma ofrece ventajas únicas y requiere una estrategia adaptada. Amazon representa la cúspide en términos de acceso al mercado, pero no es la única opción. Con una estrategia bien pensada, que puede ser enfocada en una sola plataforma o ser multi-plataforma, los vendedores de archivos digitales pueden navegar eficazmente el complejo mundo del comercio electrónico, maximizando visibilidad, ganancias y satisfacción del cliente.

4.1: Guía para el uso de Amazon para vender archivos digitales

Amazon representa uno de los principales gigantes del comercio electrónico, una plataforma que ofrece oportunidades inmensas para vendedores de todo tipo, incluidos los de archivos digitales. Este subcapítulo explora en detalle cómo utilizar Amazon para vender eBooks, software, música y otros archivos digitales, con un enfoque en estrategias de éxito, ventajas y posibles desafíos.

1. Introducción a Amazon para Archivos Digitales

Amazon ofrece varios servicios para vendedores de archivos digitales, siendo los más conocidos Kindle Direct Publishing (KDP) para eBooks, Amazon Music para músicos, y Amazon Web Services (AWS) para software y aplicaciones. La elección del servicio depende del tipo de archivo digital que pretendas vender.

2. Kindle Direct Publishing (KDP): La vía para los Autores Digitales

a. *Registro y Publicación:*
    i. *Registro:* El primer paso es crear una cuenta KDP. Amazon proporciona una guía detallada para el registro, que generalmente es simple e intuitiva.
    ii. *Publicación:* Tras el registro, puedes subir tu eBook. KDP soporta varios formatos, siendo el más común el MOBI o el EPUB convertido. Es importante asegurarse de que el archivo esté correctamente formateado para garantizar una buena experiencia de lectura.
b. *Estrategias de Precios:*
    i. *KDP Select:* Participar en el programa KDP Select te permite ofrecer tu libro gratuitamente durante algunos días. Esto puede aumentar la visibilidad, especialmente si se combina con promociones específicas.
    ii. *Precio y Promociones*: Amazon te permite elegir el

precio de tu eBook, con opciones para participar en Kindle Unlimited, donde los usuarios pueden leer tu libro como parte de su suscripción, aumentando tus ganancias por páginas leídas.

c. *Marketing y Promoción:*
   i. *Palabras Clave y Categorías:* La elección de las palabras clave y categorías correctas es crucial para la visibilidad. Amazon utiliza esta información para mostrar tu libro a usuarios interesados.
   ii. *Campañas de Marketing:* Utilizar servicios como Amazon Ads para promover tu libro, aunque esto requiere una inversión inicial.

3. Venta de Música en Amazon

a. *Amazon Music:*
   i. *Carga y Distribución*: Para vender música, puedes usar Amazon Music. Una vez que has subido tus archivos, Amazon se encarga de la distribución digital.

ii. *Estrategias de Precios:* La música en Amazon tiende a seguir modelos de precio más estandarizados, pero puedes ofrecer paquetes o álbumes completos a precios variables para incentivar las ventas.

4. Venta de Software y Aplicaciones

a. *AWS y Más:*
  i. *AWS Marketplace:* Para software y aplicaciones, el AWS Marketplace es una plataforma donde los desarrolladores pueden vender software para empresas. Requiere cierto conocimiento técnico para publicar y gestionar.
  ii. *Tienda de Aplicaciones de Amazon*: Aunque menos conocida que la App Store de Apple o Google Play, Amazon tiene su propia plataforma para aplicaciones, que puede ser otra vía para vendedores de software móvil.

5. Ventajas de Utilizar Amazon

a. *Amplia Audiencia:* Amazon tiene una base de usuarios global, ofreciendo un mercado inmenso.

b. *Facilidad de Uso:* El proceso de publicación y venta está diseñado para ser accesible incluso para quienes no tienen mucha experiencia técnica.

c. *Servicios Adicionales:* Amazon ofrece soporte para la promoción a través de Amazon Ads, análisis detallados de ventas y gestión de pagos de manera eficiente.

6. Desafíos y Consideraciones

a. *Control y Márgenes*: Mientras Amazon ofrece un vasto público, el control sobre tus productos y los márgenes de ganancia pueden ser limitados en comparación con ventas directas o en plataformas especializadas.

b. *Dependencia:* Estar fuertemente vinculado a Amazon puede dificultar diversificar tu presencia en línea o cambiar estrategias de venta.

c. *Políticas de Amazon:* Las políticas y prácticas de Amazon pueden cambiar, afectando la visibilidad y las ventas de tus productos.

7. Estrategias para el Éxito

a. *Optimización del Perfil:*
  i. *Descripciones de Producto:* Descripciones detalladas e invitantes aumentan las ventas. Usa palabras clave pero no olvides la narrativa que cuenta por qué tu producto es único.
  ii. *Reseñas:* Fomentar las reseñas tempranas puede ayudar a aumentar la credibilidad y visibilidad. Considera ofrecer tu producto gratis a cambio de reseñas honestas.
b. *Compromiso Continuado:*
  i. *Feedback y Actualizaciones:* Mantén tu producto actualizado basándote en el feedback de los usuarios. Esto es particularmente relevante para software y eBooks, donde las actualizaciones pueden mejorar la calidad y el aprecio.

    ii. _Redes Sociales y Blog_: Promueve tus productos fuera de Amazon a través de blogs, redes sociales y boletines para construir una comunidad y dirigir tráfico hacia tus páginas de venta en Amazon.

  c. _Análisis y Adaptación_:

    i. _Utilizar Datos_: Amazon proporciona herramientas de análisis para monitorizar las ventas, las visualizaciones y otras métricas. Usa estos datos para adaptar tus estrategias de marketing y de producto.

8. Conclusión

Amazon ofrece una oportunidad única para vendedores de archivos digitales gracias a su enorme base de usuarios y la eficiencia de su plataforma. Sin embargo, para aprovechar al máximo esta oportunidad, es esencial tener una estrategia clara que incluya optimización, marketing dirigido, y una atención constante a la calidad del producto y la satisfacción del cliente. Con el enfoque adecuado, Amazon puede ser una plataforma increíblemente poderosa para lanzar y vender archivos digitales.

4.2: Alternativas a Amazon:

plataformas, mercados y sitios web personales

En los últimos años, Amazon ha dominado el mercado del e-commerce, convirtiéndose casi en sinónimo de compras en línea. Sin embargo, la dependencia de una sola plataforma presenta varios riesgos, incluyendo la pérdida de control sobre los datos, la dependencia de las políticas de venta y las comisiones elevadas. Este subcapítulo explorará las alternativas a Amazon para vender productos digitales y físicos, aprovechando plataformas, mercados en línea y sitios web personalizados.

Plataformas de Comercio Electrónico

Etsy Etsy es una plataforma especializada en artículos hechos a mano, vintage y suministros creativos. Si tus productos digitales incluyen gráficos, modelos 3D o tutoriales artesanales, Etsy podría ser una excelente opción. La principal ventaja es la comunidad de compradores atenta a la calidad y a lo artesanal, aunque las comisiones pueden ser altas (alrededor del 5% de la venta más el 3% + $0.25 por transacción).

eBay Con una larga historia en el comercio en línea, eBay es una plataforma adecuada para quienes venden productos físicos y digitales como software o e-books. Ofrece una amplia audiencia global, pero la competencia es alta, y la gestión de las ventas puede requerir más tiempo debido a las subastas y ofertas.

Mercados Online y Comunidades
Reddit Reddit no es solo una plataforma de discusión sino también un mercado oculto. Subreddits como r/forhire o r/slavelabour ofrecen espacios donde vendedores y compradores de servicios digitales se encuentran. Aquí, la clave es la reputación y la construcción de relaciones directas con el consumidor, evitando las comisiones.

Canales y Grupos de Telegram El uso de

Telegram para vender productos digitales ha crecido gracias a su estructura de canales y grupos. Puedes crear un canal para marketing y un grupo para soporte al cliente. Este método requiere un enfoque más directo en la venta, a menudo a través de enlaces a páginas de pago externas.

Sitios Web Personales

E-commerce auto-hospedado Plataformas como WooCommerce (para WordPress), Shopify o Magento permiten crear una tienda personalizada en tu propio dominio.

- *WooCommerce*: Integrable con WordPress, ofrece flexibilidad y una amplia gama de plugins para personalización. Perfecto para quienes tienen un blog o sitio existente y desean integrar ventas.
- *Shopify:* Facilidad de uso, hosting incluido y un ecosistema de aplicaciones que cubren todos los aspectos del comercio electrónico. Es particularmente adecuado para aquellos sin experiencia técnica pero que quieren una tienda profesional.

- *Magento:* Más complejo pero potente, ideal para grandes volúmenes de ventas o para quienes necesitan personalizaciones avanzadas.

Venta Directa a través de Sitios Personales Para vender productos digitales como e-books, cursos en línea o software, puedes utilizar tu propio sitio con un sistema de pago integrado como Gumroad o Sellfy. Estos servicios permiten vender directamente desde enlaces, con comisiones más bajas que Amazon y un mayor control sobre el proceso de venta.

Ventajas de las Alternativas

- *Control Completo:* Con un sitio o tienda personalizada, tienes control total sobre el branding, el marketing y la experiencia del cliente.
- *Comisiones Reducidas:* A menudo, las plataformas alternativas o los sistemas de venta directa tienen comisiones más bajas o nulas.
- *Datos y Clientes:* Tener los datos de tus clientes te permite construir una relación directa, esencial para el marketing y la fidelización.
- *Nicho y Comunidad:* Más pequeñas o

especializadas, estas plataformas te conectan con compradores más específicos, ideales para productos de nicho o premium.

Desafíos y Consideraciones

- *Tráfico y SEO:* Atraer tráfico hacia un sitio personal puede ser desafiante sin una estrategia SEO sólida y marketing eficaz.
- *Soporte Técnico*: Gestionar un sitio o una tienda en línea requiere habilidades técnicas o el apoyo de expertos.
- *Confianza y Fiabilidad:* Las grandes plataformas ofrecen una cierta garantía de fiabilidad a los compradores. Construir esta confianza por cuenta propia puede llevar tiempo.

Conclusión

Vender en línea más allá de Amazon significa explorar un vasto ecosistema de oportunidades, cada una con sus propias ventajas y desafíos. La elección de la plataforma depende del tipo de producto, del mercado objetivo y de la disposición a invertir tiempo y recursos en marketing y desarrollo.

Las alternativas a Amazon ofrecen potencialmente más autonomía y beneficios, pero requieren una estrategia bien pensada para competir en un mercado cada vez más lleno y dinámico.

Capítulo 5: Optimización del Listado y SEO para Archivos Digitales

La evolución del mercado digital ha transformado la venta de bienes inmateriales en un arte complejo, donde la optimización del listado y el SEO (Optimización para Motores de Búsqueda) juegan un papel crucial. Este capítulo del libro "Vender en Línea: La Revolución de los Archivos Digitales" explora estrategias avanzadas para maximizar la visibilidad y la vendibilidad de los archivos digitales.

1. Importancia de la Optimización del Listado

El listado, o ficha de producto, es la vitrina virtual de tu archivo digital. Su optimización no es solo cuestión de estética, sino de estrategia.

- *Título:* Debe ser claro, conciso y contener palabras clave relevantes. Por ejemplo, si vendes un curso sobre "SEO para principiantes", el título podría ser "Curso de SEO para Principiantes: Guía Completa".

*   *Descripción*: Este es el corazón del listado. Aquí debes explicar qué ofrece el archivo digital, los beneficios para el comprador, y cómo resuelve un problema o satisface una necesidad. Utilizar un lenguaje persuasivo pero auténtico es esencial. Además, incluir etiquetas SEO dentro de la descripción puede ayudar en los motores de búsqueda internos de las plataformas de venta.
*   *Imágenes y Vídeos:* Las imágenes deben ser de alta calidad, y si es posible, un vídeo demostrativo puede marcar la diferencia. Mostrar el contenido del archivo digital (sin violar derechos de autor) o testimonios de clientes puede aumentar la confianza.
*   *Valoraciones y Reseñas:* Animar a los clientes a dejar reseñas positivas puede mejorar la visibilidad y la credibilidad del producto.

2. SEO para Archivos Digitales

El SEO para archivos digitales va más allá de

la simple optimización para motores de búsqueda como Google. Incluye también las plataformas donde se venden los archivos, como Amazon Kindle Direct Publishing, Gumroad o Etsy.

- *Búsqueda de Palabras Clave:* Utilizar herramientas como Google Keyword Planner, SEMrush o Ahrefs para encontrar palabras clave que los potenciales compradores podrían usar. Por ejemplo, "curso de fotografía digital" o "ebook sobre SEO".
- *Optimización On-Page:* Además del listado, si tienes un sitio web, la optimización de las páginas de venta con metaetiquetas, URLs amigables para SEO y contenido de calidad es fundamental.
- *Backlinks:* Tener enlaces de vuelta desde sitios autorizados puede mejorar la visibilidad de tu sitio o listado. Colaboraciones, artículos de invitados o menciones en blogs pueden ayudar.
- *Marketing de Contenidos*: Crear contenidos relacionados que apunten a tu producto. Por ejemplo, una entrada de blog sobre "Cómo mejorar el SEO de tu sitio" que enlace a tu curso de SEO.

3. Estrategias de Marketing y Promoción

- *Email Marketing*: Usar correos electrónicos para informar a tu lista de contactos sobre nuevos productos o actualizaciones. Ofertas exclusivas o descuentos para los primeros compradores pueden funcionar bien.
- *Redes Sociales*: Promover tu archivo digital a través de plataformas sociales, usando hashtags, historias o en vivo donde puedas explicar la utilidad de tu producto.
- *Marketing de Influencers:* Colaborar con influencers o expertos en el sector para que revisen o utilicen tu producto.
- *SEO Local:* Si tu público es geográficamente limitado, optimizar para SEO local puede ayudar a alcanzar usuarios más cercanos.

4. Técnicas Avanzadas de SEO

- *Optimización para Búsqueda por Voz:* Con el aumento del uso de asistentes de voz, optimizar para consultas vocales, que tienden a ser más conversacionales y largas, puede ofrecer una ventaja competitiva.
- *SEO para Móviles*: Con la mayoría de las

búsquedas realizadas en dispositivos móviles, asegurarse de que el listado y el sitio estén optimizados para móviles es crítico.

- *Análisis de Datos:* Utilizar herramientas de análisis para entender de dónde proviene el tráfico, qué keywords funcionan, y cómo los usuarios interactúan con el listado. Esto puede guiar decisiones futuras de optimización.

5. Conclusiones

La optimización del listado y el SEO para archivos digitales requieren una combinación de conocimiento técnico, creatividad y estrategia de marketing. No se trata solo de aparecer en los resultados de búsqueda, sino de crear una experiencia de compra envolvente y persuasiva. Con la evolución de las tecnologías y los hábitos de los usuarios, estas técnicas deben ser constantemente revisadas y actualizadas para mantenerse competitivos en el mercado digital. La clave es la comprensión profunda de tu público y la capacidad de adaptarse a nuevas tendencias y plataformas de búsqueda y venta.

5.1: Técnicas para optimizar tus productos digitales en plataformas de venta

La optimización de productos digitales en plataformas de venta requiere una combinación de estrategias SEO, marketing digital y una comprensión profunda del mercado. Aquí te explico cómo maximizar la visibilidad y las ventas de tus productos digitales:

1. SEO para Productos Digitales

- *Investigación de Palabras Clave*: Utiliza herramientas como Google Keyword Planner o SEMrush para descubrir qué palabras clave están buscando tus potenciales clientes. Integra estas palabras clave en el título, descripción y etiquetas de tu producto. Por ejemplo, si vendes un curso sobre "SEO para WordPress", asegúrate de que estas palabras clave estén bien representadas.
- *Contenido de Calidad*: La descripción del producto debe ser detallada, informativa y escrita de manera que responda a las preguntas más frecuentes de los compradores potenciales. Además,

considera añadir FAQ o testimonios para construir confianza.

- *Meta Tags*: Optimiza las meta tags para cada producto. Esto incluye el título, la descripción meta y la URL del producto, que deben contener palabras clave relevantes.

2. Optimización del Listado

- *Título:* Sé preciso e incluye palabras clave. Por ejemplo, "Curso Completo de Fotografía Digital" es más efectivo que "Curso de Fotografía".
- *Descripción:* Usa una descripción que no solo explique lo que ofrece el producto, sino también cómo mejora la vida o el trabajo del cliente. Incluye detalles sobre lo que se aprenderá u obtendrá, y tal vez un índice para cursos o un resumen para libros.
- *Imágenes y Vídeos:* Las imágenes deben ser de alta calidad y representar bien el contenido. Vídeos demostrativos o tutoriales breves pueden marcar la diferencia, mostrando una muestra del producto.
- *Reseñas y Feedback:* Anima a los compradores a dejar reseñas. Las reseñas positivas aumentan la confianza

y mejoran el SEO interno de las plataformas.

3. Estrategias de Marketing

- *Email Marketing*: Usa el correo electrónico para promover nuevos productos o actualizaciones. E-mails que ofrezcan descuentos o contenidos exclusivos pueden incrementar las ventas.
- *Redes Sociales:* Promociona tus productos a través de posts, historias o videos en plataformas sociales. Involucra a tu audiencia con cuestionarios, sorteos o sesiones de preguntas y respuestas.
- *Marketing de Afiliación e Influencers*: Colabora con influencers o bloggers en tu sector. Ofrece comisiones o productos gratuitos a cambio de reseñas o menciones.

4. Plataformas de Venta

- *Mercados Especializados:* Plataformas como Gumroad, Udemy o Amazon Kindle Direct Publishing están optimizadas para vender productos digitales. Estudia sus políticas de SEO y venta para adaptar tus productos.
- *Sitios Web Personales:* Tener tu propio

sitio de comercio electrónico ofrece mayor personalización y control. Utiliza plataformas como Shopify o Wix, que ofrecen herramientas de SEO integradas y facilitan la venta de productos digitales.

5. Análisis y Optimización Continua

- Utiliza herramientas de análisis para entender de dónde proviene el tráfico, qué productos se venden mejor y qué palabras clave llevan a conversiones.
- *Actualizaciones y Relanzamientos:* Los productos digitales pueden actualizarse. Relanzar un producto con contenido actualizado puede renovar el interés.
- *Feedback y Mejora*: Basándote en el feedback y los datos de ventas, sigue mejorando tus productos digitales. Añade nuevos módulos, actualizaciones o expansiones.

6. Consideraciones Finales

La optimización para productos digitales no es estática. Con la evolución de las tecnologías, los motores de búsqueda y los hábitos de los usuarios, es esencial mantenerse actualizado. El SEO y la optimización del listado requieren un enfoque dinámico, que incluya monitoreo, adaptación e innovación continua. Recuerda, el valor de tu producto digital reside no solo en su contenido, sino también en su visibilidad y accesibilidad. Invertir en SEO y marketing digital no es solo un gasto, sino una inversión para el crecimiento de tu negocio en línea.

5.2: Importancia del SEO para archivos digitales

La optimización para motores de búsqueda (SEO) se ha convertido en un componente vital para cualquier negocio que opera en línea, y para los productos digitales, la importancia del SEO es aún más acentuada. Este subcapítulo explorará por qué el SEO es tan crucial para los archivos digitales, como e-books, cursos en línea, aplicaciones y otros contenidos digitales vendidos en línea.

1. Visibilidad y Relevancia

El elemento más inmediato y tangible del SEO es la visibilidad. Cuando los potenciales clientes buscan productos digitales específicos, el SEO determina si tu producto aparecerá entre los resultados de búsqueda.

- *Búsqueda Orgánica:* La mayor parte de

las visitas a los sitios web provienen de búsquedas orgánicas. Tener un ranking alto en Google o en otras plataformas de búsqueda significa que tu producto será más fácilmente descubierto por tus potenciales clientes.

- *Relevancia:* El SEO no solo trata sobre "dónde" aparece tu producto sino también "por qué". Optimizar para palabras clave relevantes asegura que tu producto se muestre a usuarios que realmente están interesados en lo que ofreces.

2. Fiabilidad y Confianza

Un buen posicionamiento en los motores de búsqueda no solo aumenta la visibilidad sino que también construye confianza.

- *Autoridad de Marca:* Los sitios y productos que aparecen en los primeros resultados de búsqueda a menudo se perciben como más confiables y autorizados. Esto puede traducirse en una mayor predisposición a la compra.
- *Reseñas y Feedback:* Los motores de búsqueda y las plataformas de venta consideran las reseñas como una señal

de calidad. Los productos bien reseñados tienden a posicionarse mejor.

3. Competitividad

El mercado de productos digitales está saturado y altamente competitivo. El SEO ofrece una ventaja competitiva.

- *Diferenciación:* Con tantos productos similares disponibles, el SEO puede ayudar a destacar. Una excelente SEO puede hacer que tu producto aparezca antes que el de la competencia.
- *Plataformas de Terceros:* En plataformas como Amazon, Etsy o Gumroad, el SEO interno juega un papel crucial en determinar el orden en que se muestran los productos. Optimizar tu listado para estas plataformas es esencial.

4. Importancia del SEO para Móviles

Con el aumento del uso de dispositivos móviles, el SEO para móviles se ha vuelto una prioridad.

- *Indexación Mobile-First*: Google utiliza la indexación mobile-first, lo que significa que la versión móvil de tu sitio es la que se usa para la indexación. Asegurarse de que tu sitio esté optimizado para móviles es fundamental.

- *Experiencia de Usuario:* La velocidad de carga, la facilidad de navegación y la accesibilidad son factores de SEO que mejoran la experiencia del usuario en dispositivos móviles.

5. Herramientas y Tendencias de SEO

El SEO está en constante evolución, y conocer y utilizar las herramientas y tendencias actuales es esencial.

- *Herramientas de SEO*: Utilizar software como Google Analytics, SEMrush, Ahrefs o Moz para monitorear el tráfico, las palabras clave y la eficacia de las campañas de SEO.
- *SEO de Voz:* Con el aumento de los asistentes de voz, optimizar para consultas vocales se vuelve cada vez más importante. Esto implica una SEO que responda a consultas más conversacionales.
- *SEO para Vídeo:* Si tu producto digital es un curso o una serie de videos, optimizar para YouTube u otras plataformas de

video se vuelve crucial.

6. SEO y Marketing de Contenido

El SEO va de la mano con el marketing de contenido. Crear contenidos que respondan a las preguntas de tus potenciales clientes puede llevar tráfico cualificado a tu sitio.

- *Blog y Artículos*: Publicar artículos relacionados con tus productos digitales. Por ejemplo, si vendes un curso de SEO, escribir artículos sobre "Cómo mejorar el SEO de tu sitio."
- *Guest Post*: Colaborar con otros sitios para publicar contenido. Esto no solo aumenta la visibilidad sino que también adquiere backlinks, que son una parte importante del SEO.

7. Consideraciones Finales

La importancia del SEO para archivos digitales reside en su capacidad para generar tráfico cualificado, construir confianza y ofrecer una ventaja competitiva en un mercado saturado. El SEO no es algo que se establece y se olvida; es un proceso continuo que requiere monitoreo, adaptación e innovación. Para quienes venden productos digitales, invertir en SEO no es solo una estrategia de marketing, sino una necesidad para sobrevivir y prosperar en un entorno en línea en constante evolución.

Capítulo 6: Marketing Digital para Archivos

El marketing digital para archivos digitales representa un desafío único pero también una oportunidad extraordinaria. En este capítulo, exploraremos las estrategias, herramientas y tendencias que pueden convertir la venta de archivos digitales en una empresa rentable y exitosa.

Introducción al Marketing Digital para Archivos

En el mundo digital, los archivos como e-books, música, software, gráficos e incluso cursos en línea, tienen un mercado amplio y en crecimiento. Sin embargo, su intangibilidad requiere un enfoque de marketing diferente en comparación con los productos físicos. El marketing digital para archivos debe centrarse en:

- *Visibilidad:* Asegurarse de que el producto sea fácilmente descubrible.
- *Valor Percibido:* Convencer al público del valor del producto a pesar de su naturaleza inmaterial.

- *Accesibilidad:* Hacer que la compra y la descarga sean lo más simples posible.
- *Engagement*: Mantener una relación continua con el cliente para fomentar ventas repetidas y un boca a boca positivo.

Estrategias de Marketing

1. *SEO (Optimización para Motores de Búsqueda)*: La optimización para motores de búsqueda es crucial. Los potenciales clientes a menudo buscan productos digitales a través de Google. Usar palabras clave relevantes, etiquetas, descripciones ricas y contenidos de calidad puede aumentar la visibilidad. Por ejemplo, para un libro de cocina, optimizar por frases como "recetas italianas PDF descarga" puede atraer al público adecuado.

2. *Content Marketing*: Crear contenidos gratuitos relacionados con el producto puede construir autoridad y confianza. Un blog, videos en YouTube, o una serie de correos electrónicos pueden ofrecer avances o consejos que lleven al producto principal. Por ejemplo, un músico podría compartir clips cortos en

Instagram para promover un álbum completo.

3. *Email Marketing:* Las campañas de email marketing son particularmente efectivas para productos digitales. Ofrecer descuentos exclusivos, actualizaciones sobre nuevas versiones o contenidos adicionales puede mantener al cliente interesado. Es importante segmentar la audiencia para personalizar las comunicaciones.

4. *Marketing en Redes Sociales:* Plataformas como Instagram, TikTok y X (ex Twitter) ofrecen espacios para publicitar archivos digitales a través de publicaciones, historias y videos. Colaboraciones con influencers o la participación en tendencias puede aumentar la exposición. Por ejemplo, un artista digital podría compartir adelantos de su trabajo en Instagram para generar interés.

5. *Marketing de Afiliados:* Involucrar a otros para que promuevan tu producto a cambio de una comisión puede expandir tu público sin costos directos de marketing. Esto es especialmente efectivo para software y cursos, donde los afiliados pueden ganar un porcentaje

por cada venta.

Herramientas y Plataformas

- Plataformas de E-commerce Sitios como Gumroad, Shopify o Etsy son excelentes para vender archivos digitales. Proporcionan herramientas para la gestión de pedidos, pagos y distribución de archivos.
- Plataformas para Crear Contenidos WordPress, Medium, Patreon para contenidos escritos; Canva para gráficos; Adobe Creative Cloud para video y diseño; estas herramientas ayudan a crear contenidos de alta calidad para el marketing.
- Herramientas de Análisis Google Analytics, Hotjar y similares permiten monitorizar el comportamiento de los usuarios en el sitio, mejorando así las estrategias de marketing basadas en datos.

Tendencias en el Marketing Digital para Archivos

- *Gamificación:* Integrar elementos de juego en el marketing para aumentar el engagement. Por ejemplo, una app gratuita podría ofrecer contenidos premium desbloqueados a través de juegos.

- *Personalización:* Utilizar big data y aprendizaje automático para ofrecer experiencias personalizadas. Un lector de e-books podría recibir recomendaciones basadas en sus gustos literarios.
- *Streaming en Vivo y Webinars:* Eventos en directo pueden crear una conexión directa con el público, quizás ofreciendo sesiones de preguntas y respuestas o demostraciones de productos.
- *NFT y Blockchain:* Utilizar tecnologías de blockchain para vender archivos únicos como NFT, lo que puede aumentar el valor percibido y la coleccionabilidad de los archivos digitales.

Desafíos y Soluciones

- *Piratería:* Los archivos digitales son fácilmente copiables. La solución puede ser el uso de DRM (Gestión de Derechos Digitales), ofrecer versiones mejoradas del archivo por pago, o crear contenidos que requieran actualización constante.
- *Sobrecarga del Mercado*: La competencia es alta. Diferenciarse a través de la calidad, la unicidad del contenido y un

servicio al cliente excelente es fundamental.
- *Cambios en las Preferencias de los Consumidores:* Mantenerse al día con estas preferencias a través de retroalimentación y análisis de mercado puede ayudar a mantener la relevancia.

Conclusión

El marketing digital para archivos requiere una combinación de creatividad, tecnología y estrategia. En un mundo donde la atención es un bien preciado, capturarla y mantenerla requiere esfuerzos continuos e innovadores. Este capítulo ha intentado delinear las directrices, pero el éxito reside en la adaptabilidad y la innovación constante. Aprovechar las plataformas, tendencias y herramientas disponibles, junto con una comprensión profunda de tu público, puede transformar los archivos digitales en un negocio próspero y sostenible.

6.1: Estrategias de Marketing Online para Promover Tus Archivos Digitales

Promover archivos digitales en un mercado saturado requiere una combinación innovadora de estrategias de marketing online que se distingan por su creatividad, eficacia y personalización. Este subcapítulo explora enfoques específicos para aumentar la visibilidad, el interés y las ventas de tus productos digitales.

1. Uso de Plataformas Sociales

Instagram, TikTok, X: Estas plataformas son escenarios perfectos para promover archivos digitales como e-books, música o arte digital. En Instagram, por ejemplo, puedes utilizar historias, IGTV, o publicaciones con avances para generar interés. TikTok puede ser usado para crear videos cortos que capten la atención con contenido viral o tutoriales. X (ex Twitter) es ideal para discutir, compartir enlaces a tus productos y participar en conversaciones relevantes, como se sugiere en los recientes posts de @elonmusk donde se subraya la importancia de compartir enlaces para informar y comprometer.

2. Marketing de Contenido y SEO

Blogging y SEO: Crear contenido de calidad que responda a preguntas comunes o problemas relacionados con tu producto puede posicionarte como un experto. Optimizar estos contenidos para SEO con palabras clave relevantes incrementa la probabilidad de ser encontrado en motores de búsqueda. Por ejemplo, si vendes software de edición de video, un post de blog sobre "cómo mejorar tus videos" con etiquetas SEO puede atraer tráfico cualificado.

Email Marketing: Usar correos electrónicos para promover nuevos productos, ofrecer descuentos exclusivos o proporcionar actualizaciones puede mantener a tu público involucrado. Segmentar la lista de suscriptores para enviar contenido personalizado aumenta la tasa de apertura y el clic.

3. Marketing de Influencers

Colaborar con influencers que compartan valores similares a tu marca puede expandir tu audiencia. Los influencers pueden revisar tus productos digitales, ofrecerlos como premios o simplemente mencionarlos en su contenido. Esta estrategia es especialmente efectiva en plataformas como Instagram o YouTube, donde la confianza en los influencers es alta.

4. Marketing de Afiliados

Esta estrategia involucra a individuos o empresas que promueven tus productos a cambio de una comisión. Es una forma de marketing pasivo que puede expandir tu mercado sin costos directos adicionales. Para los archivos digitales, esto podría significar que los afiliados ganan un porcentaje por cada venta generada a través de sus enlaces únicos.

5. Gamificación e Interactividad

Hacer que la experiencia del usuario sea más atractiva a través de elementos de juego puede aumentar el apego al producto. Esto podría incluir desafíos, desbloqueo de contenidos premium con actividades específicas o concursos online. La gamificación no solo aumenta el compromiso sino que también puede transformarse en una recomendación boca a boca positiva.

6. Eventos Online y Webinars

Organizar webinars, sesiones de streaming en vivo o eventos online donde puedas presentar tu producto puede crear una conexión directa con el público. Estos eventos pueden incluir Q&A, demostraciones o discusiones interactivas que no solo promueven el producto sino que también construyen una comunidad.

7. Aprovechamiento del Contenido Generado por el Usuario (UGC)

Animar a los clientes a crear y compartir contenido relacionado con tu producto puede ser una de las maneras más auténticas de hacer marketing. El UGC puede incluir reseñas, tutoriales o simples publicaciones en redes sociales. Este tipo de contenido a menudo se percibe como más sincero y puede influir en la decisión de compra de otros.

8. Personalización y Automatización

Utilizar herramientas de automatización de marketing para enviar comunicaciones personalizadas puede mejorar significativamente el compromiso. Por ejemplo, un software de marketing podría enviar una recomendación de un nuevo e-book basado en los gustos de lectura previos de un cliente.

9. Explotación de Tendencias y Noticias

Tener una oreja puesta en las tendencias puede permitirte crear y promover contenido relevante y actual. Esto podría significar crear un archivo digital que responda a una tendencia actual, como un manual sobre cómo sobrevivir a una pandemia durante una emergencia sanitaria, o un curso sobre técnicas de meditación en un período de aumento del estrés global.

10. Retroalimentación y Mejora Continua

El uso de feedback para mejorar los productos y las estrategias de marketing es crucial. Las reseñas y los comentarios pueden proporcionar insights sobre cómo servir mejor al público, mejorar el producto y adaptar las campañas de marketing para reflejar mejor las necesidades y deseos de los consumidores.

Conclusión

Promover archivos digitales en línea requiere una combinación de estrategias que no solo incrementen la visibilidad sino que también construyan una relación duradera con el cliente. Desde la creación de contenido de valor, pasando por el uso de influencers y tecnología, hasta el compromiso directo a través de eventos y gamificación, cada paso debe ser pensado para maximizar el impacto en el mundo digital. Con el advenimiento de nuevas tecnologías y plataformas, las oportunidades para innovar en el marketing de archivos digitales son infinitas, requiriendo solo una mente abierta y una estrategia bien planificada.

6.2: Uso de Email Marketing, Redes Sociales y Publicidad de Pago

El mundo del marketing digital está en constante evolución, y para quienes venden archivos digitales, el uso sinérgico del email marketing, las redes sociales y la publicidad de pago representa una tríada estratégica para alcanzar, involucrar y convertir al público objetivo. Esta sección explora cómo integrar eficazmente estas tres palancas para promover y vender productos digitales.

Email Marketing

El email marketing es una de las estrategias más efectivas para mantener el contacto directo con el público, especialmente cuando se trata de archivos digitales, donde el consentimiento y el interés previo son cruciales. Aquí algunos enfoques:

- *Automatización y Segmentación:* Utilizar software de email marketing para automatizar campañas dirigidas. Segmentar la base de datos según los comportamientos de los usuarios (por ejemplo, lectores de e-books, oyentes de podcasts) para enviar contenido relevante, aumentando así la tasa de apertura y de clics.

- *Lead Magnet:* Ofrecer contenido gratuito a cambio de la dirección de correo electrónico. Un e-book, una prueba de curso, o un documento técnico pueden atraer nuevos suscriptores, que luego pueden ser guiados hacia la compra de archivos digitales premium.
- *Personalización:* Los correos personalizados tienen una tasa de respuesta superior. Utilizar el nombre del destinatario, personalizar las ofertas basadas en interacciones o compras anteriores, incrementa el compromiso.

Marketing en Redes Sociales

Las redes sociales ofrecen un terreno fértil para la promoción de archivos digitales gracias a su capacidad de engagement y alcance global:

- *Influencers y Colaboraciones:* Colaborar con influencers para que revisen o mencionen tus productos digitales puede crear credibilidad e interés inmediato. Elegir influencers que se alineen con tu público objetivo es esencial.

- *Contenido de Valor:* Crear y compartir contenido que eduque, entretenga o resuelva problemas relevantes para tu audiencia. Tutoriales, avances exclusivos o discusiones sobre temas relacionados con tus archivos digitales pueden aumentar la visibilidad y el interés.

- *Eventos en Vivo y Webinars:* Utilizar plataformas como Instagram Live, YouTube o Twitter Spaces para sesiones de preguntas y respuestas, presentaciones de nuevos productos o talleres. Estos eventos pueden utilizarse para construir comunidad y vender directamente.

Publicidad de Pago

Las campañas de publicidad de pago, si están bien enfocadas, pueden expandir enormemente el alcance:

- *Publicidad PPC (Pago por Clic):* Utilizar Google Ads o campañas publicitarias en redes sociales para aparecer entre los resultados de búsqueda o en los feeds de los usuarios. La clave es un mensaje claro y una página de aterrizaje optimizada para convertir.

- _Retargeting:_ Utilizar los datos recopilados de visitantes del sitio para mostrarles anuncios específicos en plataformas como Google Display Network o redes sociales. Este enfoque puede convertir visitantes ocasionales en clientes.
- _Análisis y Optimización:_ Monitorear el rendimiento de las campañas a través de herramientas analíticas. Ajustar los mensajes, las ofertas o el targeting en tiempo real para maximizar el ROI (Retorno sobre la Inversión).

Integración de las Estrategias

El éxito en el marketing digital para archivos digitales no proviene de una sola estrategia, sino de la integración efectiva de las tres:

- _Embudo de Marketing:_ Utilizar el email y las redes sociales para guiar al público a través de un embudo que los lleve de seguidores simples a clientes leales. Por ejemplo, una publicación en Instagram puede llevar a una descarga gratuita que luego conduce a un correo con una oferta especial.

- *Coherencia del Mensaje:* Asegurarse de que el mensaje de la marca sea coherente a través de todas las plataformas. Esto fortalece la percepción de la marca y aumenta la confianza del cliente.
- *Feedback y Adaptación:* Usar las interacciones en redes sociales o las respuestas a los correos para entender mejor al público y adaptar las estrategias. El análisis de datos puede guiar decisiones sobre qué funciona y qué no.

Conclusión

Promover archivos digitales requiere una combinación de creatividad, estrategia y tecnología. El email marketing ofrece un canal directo y personalizado, las redes sociales proporcionan visibilidad y compromiso, mientras que la publicidad de pago expande el alcance. La integración de estas tres estrategias no solo aumenta las ventas, sino que también construye una comunidad alrededor de tu marca, esencial para el éxito a largo plazo en el ámbito digital.

Capítulo 7: Gestión de Ventas y Clientes

En el mundo digital, la gestión de las ventas y de los clientes para archivos digitales requiere un enfoque que sea tanto tecnológicamente avanzado como orientado hacia lo humano. Este capítulo explora cómo gestionar eficazmente el proceso de venta, la asistencia al cliente y la fidelización para maximizar el valor de tus productos digitales.

Introducción a la Gestión de Ventas

Vender archivos digitales no es solo una cuestión de vender un producto; se trata de construir una experiencia alrededor de ese producto. La gestión de ventas incluye todo desde la decisión de compra hasta el post-venta, y debe ser fluida, segura y personalizada.

1. Plataformas de Venta

a. **Elegir la Plataforma Correcta**: Si vendes e-books, música, software o cualquier otro archivo digital, elegir la plataforma adecuada es crucial. Hoy en día

105

tenemos opciones como Gumroad, Shopify con plugins para archivos digitales, o plataformas específicas para sectores como BookBaby para autores. Estas plataformas deben ofrecer no solo una tienda en línea elegante, sino también herramientas para la gestión de pedidos, descargas seguras y la protección de derechos (DRM).

2. Proceso de Compra

a. **Facilidad de Uso**: Asegúrate de que el proceso de compra sea sencillo y sin complicaciones. Un carrito que se atasque o un proceso de pago complejo puede hacer perder ventas. Utilizar pagos digitales seguros y ampliamente aceptados, como PayPal o Stripe, aumenta la confianza del cliente.

b. **Personalización**: Ofrecer la opción de personalizar las compras, como opciones de descarga personalizadas o extras digitales, puede hacer que el comprador se sienta especial.

3. Asistencia y Soporte al Cliente

a. **Servicio de Calidad**: No se puede descuidar la asistencia al cliente cuando vendes productos digitales. Un soporte por correo electrónico, chat o incluso un foro dedicado puede resolver problemas técnicos, proporcionar FAQs o simplemente tranquilizar al cliente sobre su compra.

b. **Feedback y Mejora**: Usar el feedback para mejorar el producto y el servicio. Esto puede recogerse a través de correos electrónicos, formularios de feedback en el sitio o reseñas en marketplaces.

4. Fidelización del Cliente

a. **Programas de Fidelización**: Ofrecer descuentos para clientes recurrentes, acceso anticipado a nuevas versiones del producto o contenidos exclusivos para quienes ya han comprado antes.

b. **Email Marketing Post-Venta**: No subestimes la importancia de mantener el contacto después de la venta. Correos electrónicos que ofrecen soporte, actualizaciones o incentivos para futuras compras pueden convertir a un cliente en un defensor a largo plazo.

5. Herramientas y Tecnologías

a. **CRM (Customer Relationship Management)**: Un buen CRM puede recopilar datos sobre cada interacción del cliente, ayudando a personalizar las comunicaciones y las ofertas. Para archivos digitales, un CRM puede monitorear no solo la compra sino también el uso del producto, ofreciendo así oportunidades para ventas cruzadas o adicionales.

b. **Analítica**: Herramientas como Google Analytics o plataformas específicas pueden proporcionar insights sobre cómo los clientes encuentran y utilizan tus productos, ofreciendo datos para optimizar las ventas y el marketing.

Tendencias en la Gestión de Ventas Digitales

- **Blockchain y NFT**: Utilizar la blockchain para autenticar y vender archivos únicos como NFT (Tokens No Fungibles) abre nuevas vías para la gestión de ventas, donde cada archivo tiene un valor distintivo y puede ser fácilmente transferido o revendido.
- **Inteligencia Artificial**: La IA puede emplearse para analizar comportamientos de compra, ofrecer recomendaciones personalizadas o mejorar la asistencia al cliente mediante chatbots.
- **Gamificación**: Integrar elementos de juego en la gestión de ventas puede incentivar las compras, como puntos de fidelidad que se pueden canjear por descuentos o contenido extra.

Desafíos y Soluciones

- **Piratería**: La naturaleza digital facilita la copia de archivos. Las soluciones incluyen DRM, venta de versiones mejoradas del producto o la oferta de servicios que van más allá del simple archivo.

- **Saturación del Mercado**: Diferenciarse a través de la unicidad del contenido, la excelencia en el servicio al cliente y la innovación continua es esencial. Crear una comunidad alrededor de tu producto también puede construir barreras de entrada para nuevos competidores.
- **Cambios en las Preferencias de los Consumidores**: Mantenerse actualizado y flexible a las nuevas tendencias y tecnologías es crucial. Esto puede significar adoptar nuevas plataformas, métodos de pago o formatos de contenido.

Conclusión

La gestión de ventas y clientes para productos digitales es un arte que requiere una combinación de tecnología, estrategia y humanismo. Desde el momento en que un cliente descubre tu producto hasta que se convierte en un defensor a largo plazo, cada paso del proceso debe ser cuidado para asegurar no solo la venta inicial sino la construcción de una relación duradera. Utilizando las plataformas, herramientas y adoptando un enfoque orientado al cliente adecuados, puedes transformar la venta de archivos digitales en una experiencia de valor continuo.

7.1: Cómo Gestionar las Ventas, el Servicio al Cliente y las Reseñas

La gestión de las ventas en línea, especialmente cuando se trata de archivos digitales, requiere un enfoque estratégico que no solo abarca la venta en sí misma sino también el soporte postventa y la administración de reseñas. Este subcapítulo explora las mejores prácticas para cada fase del proceso.

Gestión de Ventas

1. **Automatización y Procesos Eficientes**: La eficiencia es clave para escalar las ventas sin comprometer la calidad del servicio. Utilizar software de gestión de relaciones con el cliente

(CRM) y herramientas de automatización de marketing es fundamental. Estas herramientas pueden automatizar la comunicación con los clientes, monitorear las ventas y proporcionar datos analíticos para mejorar continuamente las estrategias de venta.

2. **Estrategia de Precios**: El precio de los productos digitales debe reflejar el valor percibido por el cliente. Ofrecer diferentes opciones de precios, como productos individuales, paquetes o suscripciones, puede atraer a un amplio rango de clientes. También considera estrategias promocionales como descuentos de lanzamiento, ofertas por tiempo limitado o paquetes de productos relacionados.

3. **Facilidad de Compra**: La interfaz de venta debe ser intuitiva y fluida. Minimizar los pasos necesarios para completar una compra, ofrecer varias opciones de pago y asegurarse de que el proceso sea seguro y rápido son elementos cruciales para reducir el abandono del carrito.

4. **Mapa del Recorrido del Cliente**: Mapear el recorrido del cliente ayuda a identificar los puntos de contacto donde

se puede mejorar la experiencia del usuario y aumentar las conversiones. Cada interacción, desde el descubrimiento del producto hasta el postventa, debe optimizarse para la satisfacción del cliente.

Servicio al Cliente

1. **Centro de Ayuda**: Una robusta base de conocimiento con FAQ, guías y tutoriales puede resolver muchos problemas antes de que se conviertan en solicitudes de soporte. Esto no solo alivia la carga del equipo de asistencia sino que también aporta un valor añadido para los clientes.

2. **Soporte Multicanal**: Ofrecer soporte a través de correo electrónico, chat en vivo, foros o incluso redes sociales. La disponibilidad en múltiples canales no solo hace que el soporte sea más accesible sino que también permite elegir el canal que mejor se adapta a las necesidades del cliente.

3. **Respuesta Rápida**: El tiempo es crucial. Ofrecer un servicio de respuesta rápida, preferiblemente dentro de las 24 horas, puede marcar una gran

diferencia. La rapidez de la respuesta a menudo se percibe como un indicador de la calidad del servicio.

4. **Formación del Personal**: El equipo de soporte debe estar bien informado sobre los productos, capaz de resolver problemas comunes y ofrecer soluciones personalizadas. La formación continua y la actualización sobre productos y tecnología son esenciales.

5. **Feedback y Mejora Continua**: Utilizar el feedback de los clientes para mejorar el servicio. Enseñar al equipo a solicitar feedback después de resolver un problema puede proporcionar información valiosa para optimizar el servicio.

Gestión de Reseñas

1. **Incentivar las Reseñas**: Motivar a los clientes a dejar reseñas. Esto puede hacerse mediante correos electrónicos de seguimiento post-compra, o a través de notificaciones dentro de la aplicación. Ofrecer incentivos, como descuentos en futuras compras, puede aumentar las probabilidades de que los clientes se tomen el tiempo para reseñar.

2. **Manejo de Reseñas Negativas**: Las reseñas negativas pueden ser una oportunidad para mejorar. Responder profesionalmente a estas reseñas, ofreciendo soluciones o explicaciones, demuestra a la comunidad de clientes que se preocupa por su experiencia. Esto puede transformar una crítica en un ejemplo de excelencia en el servicio al cliente.

3. **Análisis de Reseñas**: Las reseñas son una fuente invaluable de datos. Analizarlas para entender qué funciona y qué no puede guiar las decisiones futuras. Esto no solo mejora el producto sino también el proceso de venta y soporte.

4. **Exhibición de Reseñas Positivas**: Usar las reseñas positivas en el marketing, en el sitio web, en las páginas de productos y en materiales promocionales. Los testimonios auténticos pueden ser muy persuasivos para nuevos clientes.

5. **Estrategia de Comunicación**: Tener una estrategia clara sobre cómo gestionar las reseñas, tanto positivas como negativas, es crucial. Esto incluye quién responde, el tono de la respuesta

y las acciones que se pueden tomar (como ofertas de reembolso o reemplazo).

Conclusión

La gestión de ventas, servicio al cliente y reseñas en el contexto de archivos digitales requiere una combinación de tecnología, estrategia y humanidad. La clave es ver cada interacción como una oportunidad para construir una relación duradera con el cliente. La adopción de herramientas tecnológicas para mejorar la eficiencia, el fomento de feedback constructivo y la gestión cuidadosa de las reseñas no solo aumentan la satisfacción del cliente sino también la fidelidad y, en última instancia, el éxito del negocio. Implementar estas prácticas con una mentalidad de mejora continua permite a una empresa destacarse en el dinámico mercado de productos digitales.

7.2: Estrategias para Mantener una Relación Positiva con los Clientes a través de Archivos Digitales

En el mundo digital actual, mantener una relación positiva con los clientes no es solo un valor añadido, sino una necesidad para asegurar la lealtad y el éxito a largo plazo. Los archivos digitales, con su naturaleza intangible, ofrecen desafíos únicos pero también oportunidades para construir y mantener relaciones de calidad. A continuación se describen algunas estrategias eficaces para consolidar una relación positiva con los clientes a través de archivos digitales.

1. Comunicación Personalizada

a. **Marketing por Email Personalizado**: Enviar correos electrónicos dirigidos que reflejen los intereses y los comportamientos de compra de los clientes puede marcar una gran diferencia. Utilizar los datos recopilados para crear mensajes que resuenen con el cliente individual, como recomendaciones basadas en compras anteriores o contenido exclusivo según las preferencias declaradas.

b. **Notificaciones Push**: Si la empresa tiene una aplicación, las notificaciones push pueden usarse para recordar a los clientes descargar o utilizar sus archivos digitales, ofrecer actualizaciones o contenido relacionado, siempre de manera no intrusiva.

2. Feedback e Interacción

a. **Encuestas y Cuestionarios**: Después de que un cliente haya comprado un archivo digital, enviar encuestas para recoger opiniones no solo muestra que la opinión del cliente es importante, sino que también proporciona datos valiosos para mejorar el producto o el servicio.

b. **Foros y Comunidades Online**: Crear o participar activamente en foros y comunidades online donde los clientes puedan hablar sobre los productos digitales puede generar un sentido de pertenencia.

Responder a las publicaciones, resolver problemas públicamente y compartir actualizaciones o nuevas funcionalidades fortalece el vínculo.

3. Educación y Soporte Continuo

a. **Tutoriales y Guías**: Ofrecer contenido educativo como video tutoriales, webinars o guías escritas sobre cómo sacar el máximo provecho de los archivos digitales comprados. Esto no solo incrementa el valor percibido del producto, sino que también ayuda a los clientes a sentirse apoyados.

b. **Atención al Cliente 24/7**: Un servicio de soporte disponible las 24 horas del día, aunque sea en parte automatizado, puede responder rápidamente a preguntas y problemas, demostrando que la empresa siempre está ahí para el cliente.

4. Personalización de Productos Digitales

a. **Actualizaciones y Parches**: Proporcionar actualizaciones

119

gratuitas o de bajo costo para mejorar la experiencia del usuario. Esto no solo mejora el producto, sino que también muestra al usuario que la inversión inicial continúa siendo valiosa con el tiempo.

b. **Versiones Personalizadas**: Ofrecer versiones personalizadas o personalizables de los archivos digitales, cuando sea posible, puede hacer que los clientes se sientan especiales y más involucrados.

5. Exclusividad y Privilegios

a. **Acceso Exclusivo**: Dar a los clientes acceso a contenido exclusivo, como pruebas beta de nuevas versiones del software, contenido premium, o descuentos en futuras compras, crea un sentido de exclusividad.

b. **Programa de Fidelización**: Implementar un programa de fidelización que premie a los clientes por compras repetidas o interacciones. Esto podría incluir puntos, descuentos o acceso anticipado a nuevos lanzamientos.

6. Reconocimiento y Aprecio

a. **Agradecimientos y Fechas Especiales**: Enviar mensajes de agradecimiento después de la compra, correos electrónicos de cumpleaños o aniversarios de registro, son pequeños gestos que pueden tener un gran impacto en el aprecio percibido.

b. **Reconocimiento en Redes Sociales**: Si un cliente deja una reseña positiva o comparte el producto en las redes sociales, reconocerlo públicamente o enviarle un mensaje de agradecimiento puede fortalecer el vínculo.

7. Gestión del Ciclo de Vida del Producto

a. **Soporte para Productos Obsoletos**: Ofrecer soporte para productos digitales incluso después de que hayan sido reemplazados por nuevas versiones, por un periodo razonable, muestra compromiso hacia los clientes existentes.

b. **Actualizaciones Continuas y Mejoras**: Informar a los clientes sobre mejoras o nuevas funcionalidades añadidas a los archivos digitales existentes. Esto los anima a seguir utilizando el producto y a ver a la empresa como un proveedor de valor añadido.

8. Feedback Positivo y Reseñas

a. **Solicitar Reseñas**: Fomentar a los clientes a dejar reseñas positivas después de usar el archivo digital. Ofrecer un pequeño incentivo o simplemente pedirlo de manera amigable puede marcar la diferencia.

b. **Gestión de Reseñas**: Responder a todas las reseñas, tanto positivas como negativas, con gratitud y profesionalismo, demuestra que cada voz importa y que la empresa se compromete a mejorar.

Conclusión

El éxito en la gestión de clientes a través de archivos digitales reside en la capacidad de crear un vínculo emocional y de valor con cada cliente. Utilizando la tecnología para personalizar, informar y mejorar la experiencia del cliente, las empresas pueden construir relaciones duraderas que van más allá de la simple transacción. Cada interacción debe considerarse una oportunidad para enriquecer esta relación, asegurando que los clientes no solo regresen, sino que también se conviertan en embajadores de la marca. Esta estrategia no solo aumenta la lealtad sino que también contribuye al crecimiento orgánico del negocio a través del boca a boca digital.

Capíto 8: Protección y Seguridad de Tus Archivos

La gestión de la seguridad y la protección de los archivos digitales es uno de los aspectos cruciales de la venta online de productos digitales. Este capítulo explora las metodologías, técnicas y estrategias para asegurar que tus archivos estén protegidos contra accesos no autorizados, distribución no autorizada y otras amenazas digitales.

1. Importancia de la Seguridad de los Datos Digitales

La seguridad de los archivos digitales no es solo una cuestión de proteger la propiedad intelectual, sino también de garantizar la confianza de los clientes. Un solo incidente de seguridad puede dañar irreparablemente la reputación de la empresa y conllevar pérdidas financieras significativas.

2. Metodologías de Protección

2.1. Codificación y Encriptación: La encriptación es la primera línea de defensa.

124

Consiste en codificar los archivos de manera que solo quien posee la clave de desencripto puede acceder a su contenido. Utilizar algoritmos de encriptación robustos como AES (Advanced Encryption Standard) o RSA para archivos con datos sensibles.

2.2. Gestión de Derechos Digitales (DRM): DRM implica el uso de tecnologías para limitar el uso, la copia o la distribución no autorizada de archivos comprados. Aunque no es infalible, es una herramienta poderosa para proteger los derechos de autor de archivos digitales como e-books, software o videos.

2.3. Marcas de Agua y Firmas: Insertar marcas de agua o firmas digitales en los archivos no solo ayuda a identificar la propiedad sino que también puede disuadir la distribución no autorizada. Las marcas de agua pueden ser visibles o invisibles, y las firmas digitales pueden verificar la autenticidad del archivo.

2.4. Restricciones de Acceso: Limitar el acceso solo a los compradores legítimos, utilizando software de gestión de derechos o plataformas de alojamiento que requieren autenticación para descargar los archivos.

3. Seguridad de las Plataformas de Venta

3.1. Alojamiento Seguro: Elegir proveedores de hosting que ofrezcan seguridad avanzada, como firewalls, protección contra DDoS y actualizaciones regulares para proteger contra vulnerabilidades de software.

3.2. SSL/TLS: Asegurarse de que todas las comunicaciones entre el servidor y los usuarios estén protegidas con SSL/TLS, especialmente para las transacciones de pago.

3.3. Autenticación de Dos Factores (2FA): Implementar 2FA para el acceso administrativo y, si es posible, para los usuarios finales, para añadir un nivel de seguridad contra accesos no autorizados.

4. Educación y Prácticas Seguras

4.1. Conciencia de Seguridad: Educar a empleados y socios sobre prácticas seguras de manejo de archivos. Esto incluye cómo manejar las claves de encriptación, la confidencialidad de las contraseñas y la conciencia sobre correos de phishing.

4.2. Backups Regulares: Mantener copias de seguridad seguras y regulares de los archivos. Un buen backup no solo protege contra la pérdida de datos sino también contra el robo o la comprometida de los archivos originales.

4.3. Política de Seguridad: Desarrollar y actualizar regularmente las políticas de seguridad de la empresa, que incluyan procedimientos para la gestión de datos, respuesta a incidentes y seguridad física de los entornos de trabajo donde se manejan los datos.

5. Gestión de Copias y Distribución

5.1. Control de Copias: Implementar mecanismos para controlar cuántas copias de un archivo pueden ser generadas o distribuidas. Algunos software DRM permiten limitar el número de dispositivos en los que un archivo puede ser utilizado.

5.2. Monitoreo y Seguimiento: Utilizar herramientas de monitoreo para rastrear el uso y la distribución de archivos digitales. Esto puede ayudar a identificar rápidamente las violaciones.

5.3. Protección contra la Piratería: Colaborar con servicios como DMCA (Digital Millennium Copyright Act) u otras entidades para reportar y eliminar contenido pirateado de sitios de intercambio.

6. Actualizaciones y Mejoras Continuas

6.1. Actualizaciones de Seguridad: Mantener todo el software y sistemas actualizados con los últimos parches de seguridad. Las actualizaciones pueden corregir vulnerabilidades descubiertas recientemente.

6.2. Análisis de Seguridad: Realizar auditorías de seguridad y pruebas de penetración regularmente para descubrir y corregir cualquier vulnerabilidad en el sistema.

6.3. Feedback y Mejora: Incorporar feedback de incidentes pasados o intentos de ataque para mejorar continuamente las medidas de seguridad.

7. Consideraciones Legales y Éticas

7.1. Cumplimiento Legal: Asegurarse de que todas las medidas de seguridad adoptadas cumplan con las leyes de protección de datos y privacidad vigentes, como GDPR en Europa o CCPA en California.

7.2. Ética de la Seguridad: Mientras es importante proteger los propios archivos, es igualmente crucial no invadir la privacidad de los usuarios o emplear técnicas que podrían considerarse éticamente cuestionables o legalmente discutibles.

8. Futuros Desarrollos en la Seguridad de Archivos Digitales

8.1. Blockchain y Almacenamiento Descentralizado: El uso de blockchain para autenticar y registrar transacciones de archivos digitales podría volverse estándar,

129

ofreciendo un nuevo nivel de seguridad y trazabilidad.

8.2. IA y Machine Learning: El uso de inteligencia artificial para predecir posibles ataques o anomalías en el comportamiento de acceso a archivos.

8.3. Desarrollos en DRM: Las tecnologías de DRM continuarán evolucionando con nuevas formas de proteger el contenido sin comprometer demasiado el uso legítimo.

Conclusión

La protección y seguridad de los archivos digitales requieren un enfoque multifacético y proactivo. Combinando tecnologías de seguridad, mejores prácticas en gestión de datos y una cultura empresarial consciente de la seguridad, se puede crear un ambiente donde los archivos digitales no solo están protegidos sino también gestionados de manera ética y legal. Esto no solo protege el negocio y sus activos intelectuales, sino que también construye una confianza duradera con los clientes, fundamental para el éxito en el mercado de archivos digitales.

8.1: Métodos para proteger tus archivos digitales contra la piratería

La piratería representa una de las amenazas más significativas para quienes venden archivos digitales. Este subcapítulo explora las estrategias y técnicas para proteger tus archivos digitales contra la distribución no autorizada y el uso ilícito.

1. Comprender la Piratería Digital

La piratería digital se refiere a la duplicación, distribución o uso no autorizado de archivos digitales como software, música, películas, libros electrónicos, o cualquier otro contenido digital protegido por derechos de propiedad. Es esencial entender que, aunque no se puede eliminar completamente la piratería, se pueden adoptar medidas para hacer el proceso más difícil y menos rentable para los piratas.

2. Gestión de Derechos Digitales (DRM)

2.1. Implementación del DRM: DRM es una solución tecnológica diseñada para controlar el uso, la duplicación y la distribución de archivos. Utilizar software de DRM para limitar

131

el número de dispositivos en los que un archivo puede ser utilizado, aplicar fechas de vencimiento a las licencias, o requerir verificación periódica en línea.

2.2. Desventajas y Consideraciones: Aunque el DRM puede ser efectivo, también puede limitar el uso legítimo de los archivos, afectando negativamente la experiencia del usuario. Es importante equilibrar la protección con la usabilidad.

3. Criptografía

3.1. Criptografía de Archivos: Encriptar los archivos de manera que solo los usuarios autorizados con la clave de desencripto puedan acceder a su contenido. Este método es particularmente útil para software o contenido sensible.

3.2. Criptografía Dinámica: Algunos enfoques más avanzados incluyen la criptografía dinámica, donde el archivo se encripta de manera diferente para cada cliente, haciendo más difícil la distribución no autorizada.

4. Marcas de Agua y Huellas Digitales

4.1. Marcas de Agua Visibles e Invisibles: Insertar marcas de agua en archivos digitales puede servir como marca de propiedad. Las marcas de agua pueden ser visibles para disuadir la distribución, o invisibles para rastrear la fuente de una copia pirateada.

4.2. Huella Digital: Cada copia vendida puede ser ligeramente modificada con una "huella digital" única, facilitando la identificación de la fuente de una copia pirateada. Este método es especialmente útil para libros electrónicos y música.

5. Límites de Distribución

5.1. Restricciones por Dispositivo: Limitar el uso a un número específico de dispositivos. Este método es común para libros electrónicos y software, donde un archivo puede ser legal en tres dispositivos simultáneamente.

5.2. Códigos de Activación: Proporcionar códigos de activación únicos para cada venta, que deben ser ingresados para utilizar el producto. Esto no solo limita la distribución sino también el uso en múltiples dispositivos.

6. Estrategias de Precios y Modelos de Negocio

6.1. Modelos de Suscripción: Ofrecer contenido a través de suscripción puede reducir la piratería, ya que el contenido es accesible continuamente mientras el suscriptor esté activo, haciendo menos atractivo obtener copias piratas.

6.2. Versiones a Precio Reducido: Ofrecer versiones más económicas o con funcionalidades limitadas puede persuadir a los usuarios a optar por la vía legal, especialmente si las versiones completas ofrecen beneficios significativos.

7. Educación y Marketing

7.1. Educación sobre los Autores: A menudo, la piratería se debe a la falta de conciencia sobre el daño que causa a los creadores. Campañas de sensibilización que muestren el lado humano de la piratería pueden influir en los comportamientos.

7.2. Marketing de Valor: Mostrar el valor añadido de los productos legales, como soporte directo, actualizaciones gratuitas o contenido exclusivo, puede incentivar la compra legal.

8. Legalidad y Acciones de Contrarresto

8.1. Abogados y DMCA: Utilizar servicios legales para enviar notificaciones de cese y desistimiento o proceder legalmente contra sitios de piratería. La Ley de Derechos de

Autor del Milenio Digital (DMCA) en Estados Unidos ofrece herramientas para eliminar contenidos pirateados.

8.2. Colaboración con Plataformas: Colaborar con plataformas de alojamiento y redes sociales para retirar rápidamente el contenido ilegal. Muchas plataformas tienen procedimientos para reportar y eliminar contenidos pirateados.

9. Técnicas de Monitoreo

9.1. Monitoreo en Línea: Utilizar servicios que monitorean internet por tus obras y te alertan cuando se encuentran copias no autorizadas.

9.2. Comunidades de Apoyo: Crear o participar en comunidades en línea que apoyan la lucha contra la piratería, compartiendo información sobre sitios piratas y técnicas de protección.

10. Actualizaciones e Innovación

10.1. Actualizaciones Continuas: Ofrecer actualizaciones regulares y mejoras a los productos legales puede hacer que las versiones piratas sean menos atractivas.

10.2. Innovación en los Modelos de Distribución: Explorar nuevos métodos de distribución, como los tokens no fungibles (NFT) para digitales, que pueden ofrecer una forma innovadora de distribuir y proteger los derechos de propiedad.

Conclusión

Proteger archivos digitales contra la piratería requiere una combinación de tecnología, estrategias legales e innovación en el modelo de negocio. Ninguna solución es infalible, pero un enfoque estratificado puede reducir significativamente el riesgo y el impacto de la piratería. Es importante recordar que, si bien proteger tus derechos es esencial, ofrecer un producto de valor, con una experiencia de usuario positiva y un modelo de negocio justo, puede ser la mejor defensa contra la piratería. La clave está en encontrar un equilibrio entre seguridad y facilidad de uso, haciendo que la compra legal sea más atractiva que la alternativa pirata.

8.2: Importancia del DRM

(Gestión de Derechos Digitales)

y otras medidas de seguridad

En un mundo donde los archivos digitales pueden ser fácilmente copiados y distribuidos, la protección de los derechos de los creadores se vuelve fundamental. Este subcapítulo explora la importancia del DRM y otras medidas de seguridad en el contexto de la venta de archivos digitales en línea.

1. Gestión de Derechos Digitales (DRM): Un Guardián Digital

1.1. **Definición y Función**: DRM es un conjunto de tecnologías que limitan el uso, la copia y la distribución no autorizada de archivos digitales. Su función principal es proteger la propiedad intelectual, asegurando que solo los usuarios autorizados puedan acceder y utilizar los contenidos.

1.2. **Cómo Funciona el DRM**: Los sistemas DRM pueden cifrar los archivos, requerir autenticación para el acceso, limitar el número de dispositivos en los que un archivo puede ser utilizado, o aplicar fechas de vencimiento a las

137

licencias. Esta tecnología varía en complejidad, desde mecanismos de acceso simples hasta sistemas complejos que monitorean el uso.

2. Importancia del DRM

2.1. Protección de los Creadores: El DRM permite a los creadores mantener el control sobre sus trabajos, asegurando que se utilicen según las intenciones originales y protegiéndose contra la pérdida de ingresos debido a la piratería.
2.2. Confianza e Inversión: Ofrece a los consumidores la confianza de que están comprando un producto legítimo, incentivando la inversión en contenidos digitales. El DRM asegura que los clientes pagantes no sean penalizados por la piratería.
2.3. Modelos de Negocio: El DRM puede apoyar varios modelos de negocio, como suscripciones, alquileres temporales o ventas de archivos individuales. Esto permite a las empresas experimentar con nuevas formas de monetizar el contenido.

3. Limitaciones y Críticas del DRM

3.1. Experiencia del Usuario: Una de las principales críticas al DRM es el impacto negativo en la experiencia del usuario. Las restricciones muy severas pueden frustrar a los usuarios legítimos, empujándolos hacia soluciones piratas o alternativas sin DRM.

3.2. **Seguridad vs. Piratería**: Aunque el DRM puede retrasar la piratería, no la elimina. Algunos usuarios pueden encontrar formas de eludir estas protecciones, llevando a algunos a argumentar que el DRM es más una molestia para los usuarios legítimos que una verdadera barrera para los piratas.

3.3. **Obsolescencia y Acceso Futuro**: Con el tiempo, los sistemas de DRM pueden dejar de funcionar si las plataformas de soporte no se actualizan, haciendo los contenidos inaccesibles. Esto plantea cuestiones éticas sobre la "propiedad" de los contenidos digitales comprados.

4. Otras Medidas de Seguridad

4.1. **Cifrado**: Utilizar cifrado para proteger los datos durante la transferencia y el almacenamiento. El cifrado hace que los archivos sean ilegibles sin la clave correcta, ofreciendo una protección básica contra la interceptación y el acceso no autorizado.

4.2. **Marcas de Agua y Huellas Digitales**: Insertar marcas de agua o signos distintivos en los archivos para identificar la propiedad o rastrear la distribución. Esto no impide la copia, pero puede ayudar a identificar la fuente de la piratería.

4.3. **Autenticación y Autorización**: Implementar sistemas de autenticación robustos, como la autenticación de dos factores (2FA), para asegurar que solo los usuarios autorizados puedan acceder a los contenidos.

4.4. **Gestión de Actualizaciones**: Ofrecer actualizaciones regulares o parches de seguridad para los productos digitales. Esto puede hacer que las versiones piratas sean menos atractivas y más obsoletas con el tiempo.

4.5. **Educación y Normativas**: Educar a los consumidores sobre los derechos de autor y las razones por las cuales el DRM es importante. Apoyar leyes y normativas que protejan los derechos digitales, como el DMCA.

5. Estrategias de Equilibrio

5.1. **Uso Prudente del DRM**: Implementar DRM de manera que no comprometa excesivamente la usabilidad. Ofrecer flexibilidad, como transferir licencias entre dispositivos, puede mantener a los usuarios satisfechos.

5.2. **Combinación de Medidas**: No depender exclusivamente del DRM. Combinar diversas técnicas de seguridad para crear capas de protección, haciendo la piratería más complicada.

5.3. **Incentivos Legales**: Crear incentivos para la compra legal, como contenido exclusivo, soporte directo o descuentos por lealtad, que hagan la compra legal más atractiva.

6. Evolución y Futuro del DRM

6.1. **Blockchain y NFT**: Tecnologías como la blockchain y los tokens no fungibles (NFT) están explorando nuevas formas de autenticar y distribuir propiedad digital, potencialmente revolucionando el concepto de DRM.

6.2. **Inteligencia Artificial**: El uso de la IA para monitorear el uso de archivos e identificar comportamientos anómalos podría mejorar la gestión de derechos de manera menos invasiva para el usuario.

6.3. **Orientación al Usuario**: Los futuros desarrollos en el DRM podrían centrarse en una mejor experiencia de usuario, quizás a través de un DRM menos restrictivo pero más inteligente, que reconozca y responda a las necesidades legítimas de los usuarios.

Conclusión

El DRM y otras medidas de seguridad son herramientas esenciales para quienes venden archivos digitales, pero deben emplearse inteligentemente. El equilibrio entre la protección de derechos y la experiencia del usuario es crucial. Mientras que el DRM ofrece un nivel de seguridad, es importante combinar esta tecnología con otras prácticas de seguridad, la educación del consumidor y un modelo de negocio justo. Este enfoque multifacético no solo protege a los creadores sino que también construye una relación de confianza con los clientes, fundamental para el éxito a largo plazo en el mercado digital.

Capítulo 9: Escalabilidad
e Ingresos Pasivos

En un mundo donde la eficiencia y la capacidad de expansión son cruciales para el éxito, la escalabilidad y los ingresos pasivos representan dos de las metas más deseadas para quienes venden en línea. Este capítulo explora cómo estos dos conceptos pueden aplicarse en el contexto de la venta de archivos digitales, ofreciendo una guía sobre cómo estructurar tu negocio para crecer sin un aumento proporcional en el esfuerzo.

La Escalabilidad en el Ámbito Digital

Definición e Importancia:
La escalabilidad se refiere a la capacidad de un sistema o negocio para manejar un aumento de trabajo o expandirse sin perder eficiencia o calidad. En el contexto de los archivos digitales, esto implica la posibilidad de vender y distribuir más productos sin que cada venta requiera una atención manual significativa.

Estrategias de Escalabilidad:

- **Automatización:** Usar software para automatizar procesos como el envío de productos digitales, la gestión de clientes o las campañas de marketing. La automatización reduce el tiempo humano necesario, permitiendo un crecimiento más rápido.

- **Marketing con Influencers y Publicidad Paga:** Colaborar con influencers o utilizar plataformas de publicidad puede ayudar a llegar a un público más amplio con poco esfuerzo adicional, aprovechando el crecimiento exponencial de las audiencias digitales.
- **Productos Escalables:** Crear productos que, una vez desarrollados, no requieran recursos adicionales para replicarse o venderse, como libros electrónicos, cursos en línea o software. Estos productos pueden ser vendidos a un número ilimitado de clientes con costos marginales cercanos a cero.

Ingresos Pasivos: Sueños y Realidad

Concepto de Ingresos Pasivos:
Los ingresos pasivos son ganancias generadas con una inversión inicial de tiempo, dinero o esfuerzo, que continúan produciendo ingresos con poca o ninguna interacción adicional. La idea es construir algo que genere ingresos incluso cuando no estás activamente

involucrado.

Métodos para Crear Ingresos Pasivos:

- **Afiliación:** Promocionar productos de terceros y ganar una comisión por cada venta. Esto puede ser escalable si construyes una audiencia confiable.
- **Suscripciones:** Crear un servicio o contenido por el que los clientes paguen de forma mensual o anual. Este modelo es particularmente efectivo para contenidos digitales como plataformas, software o contenido exclusivo.
- **Productos Informativos:** Escribir libros electrónicos, crear cursos en línea o desarrollar software que pueda venderse una vez y ser utilizado por muchos.

Integración entre Escalabilidad e Ingresos Pasivos

Modelos de Negocio Escalables para Ingresos Pasivos:

- **Impresión Bajo Demanda:** Un ejemplo de negocio que combina escalabilidad e ingresos pasivos es el modelo de impresión bajo demanda, donde se diseñan productos que se imprimen solo cuando son pedidos, eliminando la necesidad de inventarios.

- **NFTs y Blockchain:** Utilizar tecnologías como los tokens no fungibles (NFTs) para crear ediciones limitadas de archivos digitales que puedan venderse y revenderse, generando regalías automáticas para el creador.

Desafíos y Consideraciones:

- **Calidad vs Cantidad:** Aunque la escalabilidad puede aumentar la cantidad de ventas, mantener alta la calidad del producto es esencial para la longevidad de los ingresos pasivos.
- **Inversión Inicial:** Crear algo que genere ingresos pasivos a menudo requiere una inversión inicial significativa, tanto en tiempo como en dinero.
- **Evolución del Mercado:** Los gustos y las tecnologías cambian; lo que es pasivo hoy podría requerir atención mañana para mantener su atractivo.

Conclusiones y Perspectivas Futuras

La escalabilidad y los ingresos pasivos son dos pilares fundamentales para quienes desean construir un negocio digital que pueda crecer y sostener un estilo de vida deseado con menos esfuerzo. Sin embargo, alcanzar este estado requiere una planificación estratégica, la adopción de tecnologías y modelos de negocio innovadores, y una constante adaptabilidad a los cambios del mercado.

El futuro de la venta en línea de archivos digitales podría incluir innovaciones como el uso de inteligencia artificial para personalizar la experiencia de compra o la integración de realidad aumentada y virtual para hacer los productos digitales más atractivos y accesibles. La clave siempre será mantener un equilibrio entre la innovación tecnológica y la creación de valor para el cliente, asegurando que cada paso hacia la escalabilidad y los ingresos pasivos no comprometa la calidad y la satisfacción del usuario.

9.1: Cómo transformar la venta de archivos digitales en un negocio de ingresos pasivos

La venta de archivos digitales se ha convertido en una de las formas de negocio más prometedoras en el mundo moderno gracias a su facilidad de distribución y al público potencialmente infinito que se puede alcanzar. Sin embargo, el verdadero valor añadido de este tipo de comercio radica en su capacidad para generar ingresos pasivos. Pero, ¿cómo se transforma una simple venta de archivos digitales en un negocio real de ingresos pasivos? Aquí tienes una guía detallada.

1. Creación del Producto Digital

El primer paso es contar con un producto de calidad. Los archivos digitales pueden incluir libros electrónicos, cursos en línea, software, gráficos, música, fotos, plantillas de documentos legales, y mucho más. La calidad del producto no solo determina el éxito inicial, sino también su capacidad para venderse a lo largo del tiempo sin intervención directa.

- **Libros electrónicos y Cursos en Línea:** Crear contenido que resuelva problemas comunes o enseñe una habilidad útil puede generar ventas repetitivas. Asegúrate de que el contenido esté actualizado y sea fácil de seguir.

- **Software y Aplicaciones:** Una aplicación o software bien diseñado puede generar ingresos a través de licencias, actualizaciones o versiones premium.
- **Arte y Medios:** Fotografías, música, ilustraciones digitales pueden venderse en plataformas específicas o mediante suscripciones.

2. Automatización de las Ventas

Para obtener ingresos pasivos, es esencial minimizar la intervención humana en la venta y distribución del producto.

- **Plataformas de Venta:** Utiliza plataformas como Gumroad, Shopify o incluso Amazon Kindle Direct Publishing para vender tus productos digitales. Estas plataformas gestionan pagos, entregas digitales e incluso el servicio al cliente.
- **Proceso de Compra Automatizado:** Configura un sistema de compra completamente automatizado. Una vez

que el cliente realiza la compra, el archivo debe estar disponible para descarga o acceso inmediato.

- **Marketing por Correo Electrónico Automatizado:** Usa herramientas de email marketing para enviar promociones, actualizaciones u ofertas especiales automáticamente a los clientes existentes.

3. Marketing y SEO

El marketing es crucial para garantizar que el producto siga vendiéndose sin necesidad de promoción continua.

- **SEO:** Optimiza tu sitio web o página de venta para los motores de búsqueda, lo que atraerá tráfico orgánico constante. Usa palabras clave relevantes, meta descripciones y contenido de calidad.
- **Marketing de Contenidos:** Crea blogs, videos o podcasts que hablen sobre tu sector o el problema que tu producto resuelve. Esto no solo atraerá tráfico, sino que también construirá autoridad.
- **Redes Sociales y X (Twitter):** Mantén una presencia activa en redes sociales. X puede usarse para actualizaciones rápidas, noticias y participar en

discusiones relevantes para tu sector.

4. Retroalimentación y Actualizaciones

Mantener un producto relevante y actualizado es fundamental para su longevidad.

* **Opiniones de Clientes:** Implementa un sistema de retroalimentación. Usa las reseñas para mejorar el producto o crear versiones actualizadas.
* **Actualizaciones:** Publica periódicamente mejoras o contenido adicional que pueda venderse como expansiones o mediante suscripciones.

5. Creación de un Ecosistema de Productos

Escalar el negocio implica multiplicar las oportunidades de venta con el mismo público.

* **Líneas de Productos:** Ofrece diferentes productos relacionados. Por ejemplo, si vendes un libro electrónico sobre cómo tocar la guitarra, podrías ofrecer un curso en video avanzado, partituras o accesorios musicales.
* **Embudo de Ventas:** Crea un embudo donde un producto lleve a la venta de otro. Por ejemplo, un libro electrónico

gratuito puede conducir a la compra de un curso completo.

6. Gestión del Tiempo

Los ingresos pasivos no significan ausencia de trabajo, sino redistribución del tiempo.

- **Subcontratación:** Delegar tareas como servicio al cliente, diseño gráfico o actualización del blog a terceros para centrarte en la creación de nuevos productos o estrategias de marketing.
- **Rutina de Trabajo:** Establece horarios para la creación de contenido, marketing y gestión, manteniendo el negocio operativo con menos horas de trabajo.

7. Incrementar el Valor Percibido

El valor percibido de tu producto puede aumentar las ventas sin cambiar el producto en sí.

- **Branding:** Construye una marca sólida que represente calidad y fiabilidad.
- **Testimonios:** Utiliza testimonios de clientes satisfechos para generar confianza en los nuevos compradores.
- **Escasez y Urgencia:** Emplea tácticas como cuentas regresivas para ofertas o

limita la cantidad disponible (incluso si es digital, utilizando ediciones limitadas o accesos anticipados).

8. Análisis y Optimización

Un negocio exitoso se basa en datos.

- **Análisis:** Usa herramientas de análisis para entender de dónde proviene el tráfico, cuáles productos se venden mejor y qué tácticas de marketing son efectivas.
- **Pruebas A/B:** Experimenta con diferentes versiones de páginas de venta, correos electrónicos de marketing y ofertas para identificar las que mejor convierten.

Conclusión

Transformar la venta de archivos digitales en un negocio de ingresos pasivos requiere una combinación de creación de valor, automatización, marketing inteligente y una gestión cuidadosa del tiempo y los recursos. Este enfoque no solo hace que tu negocio sea sostenible en el tiempo, sino que también te permite trabajar en nuevos proyectos sin descuidar los existentes. La clave está en la continuidad y la innovación, asegurando que tu producto siga resolviendo problemas o entreteniendo, incluso sin tu intervención diaria.

9.2: Escalabilidad: Ampliar tu Catálogo y tu Audiencia

La escalabilidad en el contexto de la venta de archivos digitales no es solo una palabra clave para alcanzar el éxito, sino una necesidad para quienes desean convertir su actividad en un negocio rentable y sostenible. La capacidad de ampliar el catálogo y la audiencia se vuelve crucial para garantizar que tu modelo de negocio crezca sin comprometer la calidad de los productos ni la eficiencia operativa. A continuación, te explicamos cómo abordar este proceso.

1. Diversificación del Catálogo

La primera regla para la escalabilidad es no poner todos los huevos en una sola canasta. Diversificar el catálogo no se trata solo de crear más productos digitales, sino de hacerlo estratégicamente:

- **Satisfacer Diferentes Nichos:** Si comienzas con libros electrónicos sobre cocina, ¿por qué no expandirte a cursos en línea sobre nutrición o aplicaciones para gestionar dietas? Cada producto puede actuar como un embudo de ventas para los demás.

- **Aprovechar Productos Existentes:** Un libro electrónico puede transformarse en un curso en línea, un podcast o una aplicación con contenido interactivo. Esta estrategia no solo amplía el catálogo, sino también las formas de interactuar con la audiencia.

2. Automatización y Tecnología

El uso de tecnologías avanzadas es imprescindible para escalar sin aumentar proporcionalmente la carga de trabajo:

- **Plataformas de Venta:** Aprovechar plataformas como Shopify, Gumroad o incluso Etsy para vender tus productos digitales reduce significativamente el tiempo dedicado a la logística de ventas.
- **Email Marketing y CRM:** Automatizar el envío de correos con ofertas especiales, actualizaciones de nuevos productos o boletines mensuales mantiene a tu audiencia comprometida sin necesidad de intervención constante.
- **SEO y Marketing de Contenidos:** Optimizar tu sitio para los motores de búsqueda y crear contenido de calidad (blogs, videos, podcasts) puede

aumentar el tráfico orgánico y la visibilidad, esenciales para llegar a un público más amplio.

3. Marketing y Creación de Comunidad

El crecimiento de la audiencia no termina con las ventas. Construir una comunidad y mantener un diálogo abierto es clave:

- **Redes Sociales y X:** Utiliza plataformas como X (Twitter) no solo para promociones, sino también para generar conversación, compartir actualizaciones e interactuar directamente con tu audiencia. X es particularmente útil para noticias rápidas, comentarios inmediatos y participación en tendencias o discusiones relevantes.
- **Influencers y Colaboraciones:** Colabora con influencers o creadores de contenido que puedan promover tus productos. Esto no solo amplía tu audiencia, sino que también genera confianza mediante el boca a boca.

4. Retroalimentación y Actualizaciones Continuas

La escalabilidad requiere una evolución

constante de los productos:

- **Opiniones:** Utiliza las reseñas y el feedback de los clientes para mejorar los productos existentes o crear nuevos que se ajusten mejor a las necesidades del mercado.
- **Actualizaciones:** Ofrecer actualizaciones o contenido adicional para los productos existentes mantiene el interés de los clientes y proporciona valor continuo, justificando futuras compras.

5. Escalabilidad mediante Asociaciones y Afiliaciones

El crecimiento no siempre tiene que ser interno. Colaborar con otros puede ampliar tu alcance:

- **Marketing de Afiliación:** Contar con socios que promuevan tus productos a cambio de una comisión puede aumentar la visibilidad y las ventas sin requerir una inversión directa adicional en marketing.
- **Asociaciones:** Colabora con empresas o servicios complementarios para crear paquetes o promociones especiales. Por

ejemplo, un software de gestión financiera podría ofrecerse en conjunto con un curso en línea sobre inversión.

6. Gestión del Tiempo y los Recursos

La escalabilidad no solo implica crecer, sino hacerlo de manera eficiente:

- **Delegación:** Externalizar tareas repetitivas o menos estratégicas a terceros o automatizaciones te permitirá concentrarte en generar valor añadido.
- **Rutinas de Trabajo:** Establecer horarios dedicados a la creación de contenido, marketing y desarrollo de nuevas ideas asegura que el tiempo se utilice para apoyar el crecimiento.

Conclusión

La escalabilidad en la venta de archivos digitales es un viaje continuo de adaptación, innovación y optimización. Ampliar el catálogo y la audiencia no se trata solo de un crecimiento numérico, sino estratégico, donde cada nuevo producto o canal de venta está diseñado para fortalecer el ecosistema del negocio. Este enfoque no solo garantiza mayores ingresos pasivos, sino también una sólida resiliencia en el mercado digital, donde la innovación y la adaptabilidad son las claves del éxito.

Capítulo 10: El Futuro de las Ventas Digitales

El futuro de las ventas digitales es un horizonte en constante evolución, donde la tecnología y el comercio se entrelazan de formas cada vez más sofisticadas. Basándonos en tendencias actuales y predicciones obtenidas de discusiones y análisis en plataformas como X, este capítulo explora las posibles direcciones que tomará el sector.

1. Tecnologías Emergentes

- **Inteligencia Artificial (IA) y Automatización:** Las publicaciones en X destacan el creciente uso de la IA no solo para el análisis de datos, sino también para optimizar las ventas y mejorar la experiencia de compra. La IA podría evolucionar hacia sistemas que permitan interacciones más personalizadas, recomendaciones de productos basadas en comportamientos y preferencias, e incluso la automatización de la gestión de devoluciones.

- **Realidad Aumentada (AR) y Realidad Virtual (VR):** Estas tecnologías podrían transformar la manera en que los clientes visualizan e interactúan con productos digitales antes de comprarlos, proporcionando una experiencia de compra más cercana a la física.

2. Omnicanalidad

La omnicanalidad es cada vez más importante, como lo discuten usuarios en diversas redes sociales, convirtiendo la experiencia de compra en algo fluido entre los entornos online y offline. Este enfoque sugiere un futuro donde los consumidores puedan explorar un producto en línea, interactuar con él en una tienda física y finalizar la compra desde un dispositivo móvil, todo de manera coherente.

3. Seguridad e Identidad Digital

- **Pagos Electrónicos y Monedas Digitales de Bancos Centrales (CBDC):** En X se expresan preocupaciones sobre la seguridad y privacidad en la implementación de sistemas de pago avanzados y posibles monedas digitales de bancos centrales. Esto podría llevar a un futuro donde las ventas digitales estén más integradas con la gestión financiera personal, requiriendo mayor atención a la seguridad de las transacciones y la protección de los datos personales.

- **Identidad Digital:** Las discusiones sobre las billeteras digitales y la identidad digital en X apuntan a un futuro donde la identidad digital será central en las ventas online, ofreciendo tanto oportunidades como desafíos relacionados con la privacidad y el control gubernamental.

4. Personalización y Experiencia de Usuario

- **Experiencia sin Fricciones:** La idea de supermercados sin cajas registradoras, mencionada en X, refleja un futuro donde las compras se realizarán sin interrupciones ni obstáculos. Este concepto podría extenderse a las ventas digitales, donde las transacciones se completan con mínima intervención humana, maximizando la conveniencia.
- **Personalización:** Con el creciente uso

de la IA, la personalización de la oferta será aún más precisa, ajustando productos y servicios a las preferencias y hábitos de compra de cada cliente.

5. Evolución del Modelo de Negocio

- **Modelos de Suscripción:** Aunque ya son comunes, podrían evolucionar hacia formas más integradas, ofreciendo paquetes de contenido, servicios y productos que se adapten dinámicamente a las necesidades del cliente.
- **Economía de los Marketplaces:** La expansión de los mercados digitales, donde creadores y vendedores pueden llegar a audiencias globales sin intermediarios, podría democratizar aún más el comercio digital, haciéndolo más accesible para cualquier persona con un producto digital para ofrecer.

6. Regulación y Comercio Global

- **Regulación:** En X se muestran preocupaciones sobre la regulación y la intervención gubernamental en los sistemas de pago y la economía digital. Es posible que el futuro traiga mayores controles para proteger a los consumidores y garantizar la competencia, aunque esto podría limitar la innovación.

- **Comercio Global:** Las ventas digitales podrían volverse aún más internacionales, superando barreras tradicionales de idioma y cultura mediante herramientas avanzadas de traducción y personalización cultural automatizada.

Conclusión

El futuro de las ventas digitales apunta hacia una mayor integración tecnológica, personalización y fluidez en la experiencia de compra. Sin embargo, estas innovaciones traen consigo importantes desafíos relacionados con la seguridad, la privacidad y la regulación. Basándonos en discusiones y tendencias observadas en plataformas como X, es evidente que el sector está evolucionando hacia un ecosistema más complejo e interconectado, donde la tecnología no solo facilita las ventas, sino que transforma la interacción entre vendedores y compradores de manera profundamente humana y personalizada.

La clave del éxito en este futuro será la capacidad de adaptarse rápidamente, proteger la privacidad y ofrecer valor auténtico en un mercado cada vez más competitivo y globalizado.

10.1: Predicciones y Tendencias Futuras en el Mercado de Archivos Digitales

El mercado de archivos digitales está en constante evolución, influenciado por tecnologías emergentes, cambios en el comportamiento de los consumidores y nuevas normativas. Basándonos en discusiones y tendencias observadas en plataformas como X, podemos delinear algunas predicciones y tendencias que podrían moldear el futuro de las ventas digitales:

1. Experiencia de Compra sin Fricciones

- **Supermercados sin Cajas Registradoras:** La idea de los supermercados sin cajas, discutida en diversas plataformas sociales, podría aplicarse a las ventas digitales. Esto implicaría procesos de compra sin interrupciones, facilitados por tecnologías de pago invisibles e interacciones físicas que reconocen y registran automáticamente las compras.

2. Personalización e Inteligencia Artificial

- **IA para la Personalización:** La inteligencia artificial será utilizada cada vez más para personalizar la experiencia de compra, ofreciendo productos adaptados a los gustos individuales, la ubicación geográfica o incluso el estado de ánimo. Esto no solo mejorará la satisfacción del cliente, sino que también incrementará las tasas de conversión.
- **Contenidos Dinámicos:** Los archivos digitales podrían incluir elementos interactivos o actualizarse automáticamente, aumentando la relevancia e interés de los productos ya adquiridos.

3. Regulación y Seguridad en los Pagos

- **Pagos Digitales y Seguridad:** Las publicaciones en X destacan el creciente uso de pagos digitales, lo que podría llevar a un aumento en la regulación para proteger tanto a consumidores como a vendedores. Esto incluiría medidas avanzadas de seguridad e, incluso, la introducción de monedas digitales emitidas por bancos centrales (CBDC).

- **Privacidad y Datos Personales:** A medida que se recopilan más datos para personalizar ofertas, la protección de datos se convertirá en un tema central, con la posibilidad de leyes más estrictas o tecnologías diseñadas específicamente para garantizar la privacidad desde el inicio.

4. Evolución de los Modelos de Negocio

- **Suscripciones y Marketplaces:** Aunque los modelos de suscripción son comunes hoy en día, podrían evolucionar hacia versiones más integradas, combinando servicios, contenidos y productos físicos o digitales. Los marketplaces digitales podrían convertirse en el estándar para la venta de archivos digitales, facilitando el acceso global a creadores y vendedores.
- **Economía Compartida:** La venta de archivos digitales podría integrarse en la economía compartida, donde el acceso, más que la propiedad, se convierte en el enfoque principal, fomentando modelos

167

de negocio que promuevan el uso temporal o compartido de recursos digitales.

5. Tecnologías de Realidad Aumentada y Virtual

- **Compras en AR/VR:** El uso de tecnologías de realidad aumentada y virtual para visualizar o "probar" productos digitales antes de comprarlos podría convertirse en estándar. Esto aumentará la confianza de los consumidores y ofrecerá una experiencia más inmersiva.

6. Integración con la Vida Cotidiana

- **Hogares Inteligentes e IoT:** Los archivos digitales podrían integrarse mejor con el Internet de las Cosas (IoT), permitiendo a los consumidores adquirir y utilizar productos digitales de manera más natural dentro de sus hogares inteligentes.

7. Cultura de la Lectura y Accesibilidad

- **Accesibilidad de los Contenidos:** Basándonos en discusiones en X, hay un interés creciente en aumentar la accesibilidad de los contenidos digitales. Esto podría impulsar modelos de distribución más inclusivos y la creación de contenidos multilingües o fácilmente traducibles.

8. Globalización y Localización

- **Mercados Globales:** Las ventas digitales podrían volverse aún más globales, desafiando barreras lingüísticas y culturales mediante herramientas avanzadas de localización y traducción automática.

Conclusión

El futuro del mercado de archivos digitales parece orientarse hacia una integración más profunda con la tecnología cotidiana, la inteligencia artificial y la evolución de la personalización, seguridad y regulación. Las tendencias actuales observadas en plataformas como X indican un mercado que no solo se adaptará, sino que revolucionará cómo consumimos e interactuamos con los productos digitales.

Para los vendedores, esto implica una necesidad constante de innovar, garantizar altos niveles de seguridad y ofrecer valor de formas que cumplan con las crecientes expectativas de los consumidores digitales. La clave será mantenerse ágiles, informados y listos para aprovechar las nuevas tecnologías y oportunidades que emerjan en este paisaje digital en constante transformación.

10.2: Cómo Mantenerse Competitivos e Innovadores en el Sector

En la era digital, la venta de archivos digitales como e-books, música, software y cursos en línea ha transformado el mercado, ofreciendo oportunidades sin precedentes para vendedores y creadores de contenido. Sin embargo, mantenerse competitivo e innovador en este sector dinámico requiere una estrategia continua de adaptación e innovación. A continuación, exploramos las estrategias clave para mantener una ventaja competitiva en el mundo de las ventas digitales.

1. Adoptar Tecnologías Emergentes

La tecnología evoluciona rápidamente, y las empresas que no se actualizan corren el riesgo de quedarse atrás.

- **Blockchain y Contratos Inteligentes:** Utilizar la blockchain para garantizar la transparencia y la seguridad en las transacciones. Los contratos inteligentes pueden automatizar pagos y derechos de autor, reduciendo la necesidad de intermediarios y aumentando la eficiencia.
- **Inteligencia Artificial (IA) y Aprendizaje Automático (ML):** Implementar IA para analizar datos de clientes, mejorar recomendaciones personalizadas y optimizar el servicio al cliente. El uso de ML puede ayudar a prever tendencias de mercado y ajustar la oferta de productos en tiempo real.
- **Realidad Virtual (VR) y Realidad Aumentada (AR):** Estas tecnologías pueden ofrecer experiencias de compra más inmersivas, como vistas previas en 3D de productos digitales o entornos de aprendizaje virtuales.

2. Enfocarse en la Experiencia del Usuario (UX)

La experiencia del usuario es crucial. Un sitio web o plataforma que sea fácil de usar, intuitivo y rápido no solo retiene a los clientes actuales, sino que también atrae a nuevos usuarios.

- **Diseño Responsivo:** Asegurarse de que todas las plataformas sean accesibles desde cualquier dispositivo, mejorando la accesibilidad y usabilidad.
- **Atención al Cliente de Calidad:** Ofrecer un servicio al cliente rápido y eficaz, a través de chatbots impulsados por IA o soporte 24/7.
- **Retroalimentación e Iteración:** Implementar sistemas para recopilar constantemente opiniones y mejorar las funciones basándose en esos datos.

3. Personalización y Segmentación

La personalización ya no es un lujo, sino una necesidad. Usar datos para segmentar el mercado y ofrecer contenidos y productos personalizados.

- **Personalización de Productos:** Crear paquetes personalizados, descuentos adaptados al comportamiento de compra o contenidos diseñados específicamente para grupos de clientes.
- **Marketing Basado en Datos:** Utilizar

análisis avanzados para comprender las preferencias de los clientes y diseñar campañas de marketing dirigidas.

4. Innovación de Productos

El mundo digital no se trata solo de vender archivos, sino también de innovar en cómo se crean, distribuyen y consumen estos archivos.

- **Nuevos Formatos de Contenido:** Experimentar con formatos innovadores como podcasts interactivos, e-books con contenidos ampliados o cursos en línea con sesiones en vivo y elementos de gamificación.
- **Colaboraciones y Contenidos Exclusivos:** Colaborar con artistas, escritores o expertos para crear contenidos exclusivos que no se encuentren en ningún otro lugar, ofreciendo un valor único.

5. Estrategias de Marketing Innovadoras

El marketing debe evolucionar al mismo ritmo que los productos.

- **Marketing de Influencers y de Contenidos:** Colaborar con influencers para promocionar productos y crear contenidos valiosos que atraigan e informen, en lugar de solo vender.

- **Marketing Viral:** Diseñar campañas con potencial de viralidad, utilizando narrativas creativas o eventos únicos relacionados con los productos digitales.
- **SEO y SEM:** Invertir en optimización para motores de búsqueda y marketing en motores de búsqueda para garantizar visibilidad online, especialmente porque muchos clientes comienzan sus búsquedas en internet.

6. Adaptación Legal y Ética

La legislación y las expectativas éticas cambian, por lo que es importante mantenerse actualizado.

- **Protección de Datos:** Asegurarse de que la gestión de los datos de los clientes cumpla con normativas como el GDPR u otras leyes locales, manteniendo la confianza de los consumidores.
- **Derechos de Autor y Piratería:** Implementar medidas para proteger los contenidos de la piratería y garantizar que el uso de derechos de autor sea ético y legal.

7. Formación y Actualización Constantes

El sector digital exige una actualización continua de conocimientos.

- **Formación del Personal:** Invertir en formación constante para todo el equipo, especialmente en tecnologías emergentes y nuevas metodologías de marketing.
- **Redes y Comunidad:** Participar en conferencias, ferias y grupos de trabajo para estar al tanto de las últimas tendencias e innovaciones en el sector.

8. Sostenibilidad y Responsabilidad Social

La era digital también ofrece la oportunidad de integrar la sostenibilidad en los modelos de negocio.

- **Modelos de Consumo Sostenible:** Promover la compra de archivos digitales como una alternativa ecológica frente a productos físicos.
- **Iniciativas Sociales:** Involucrarse en causas sociales que, además de generar un impacto real, puedan servir como estrategia de marketing.

Conclusión

Mantenerse competitivo e innovador en el sector de las ventas digitales requiere un enfoque integral que combine tecnología, experiencia del cliente, marketing, ética y responsabilidad social. Las empresas que adopten la innovación no solo como una necesidad, sino como parte intrínseca de su cultura empresarial, serán las que triunfen en el futuro de las ventas digitales. Esta evolución continua no solo responde a la competencia, sino que también representa una oportunidad para establecer nuevas normas y estándares en el mercado.